PAPO DE AUTOR

Outros livros da autora

Universo Tormenta

A Joia da Alma

A Deusa no Labirinto

Universo Nerdcast RPG: Cthulhu

O Enigma do Sol Oculto

Universo Myríade

Línguas de Fogo

Tempestade de Areia

A Rainha da Primavera

A Canção das Estrelas

Saiba mais em
www.karensoarele.com.br
www.jamboeditora.com.br

KAREN SOARELE

PAPO DE AUTOR

GUIA DE CARREIRA PARA
ESCRITORES DE FANTASIA

Papo de Autor

Créditos

Edição: Vinicius Mendes

Revisão: Maria Suzana Neumann

Orientação: Dr. Bernardo José de Moraes Bueno (PUCRS)

Banca Avaliadora: Dr. Bernardo José de Moraes Bueno (PUCRS), Prof. Dr.Luiz Antônio de Assis Brasil e Silva (PUCRS) e Prof. Dr. Enéias Farias Tavares (UFSM)

Capa: Gabriella Regina

Diagramação: Cássia Bellmann

Editor-Chefe da Jambô: Guilherme Dei Svaldi

Jambô

Rua Coronel Genuíno, 209 • Porto Alegre, RS • CEP 90010-350
contato@jamboeditora.com.br • www.jamboeditora.com.br

1ª edição: Novembro de 2022 | ISBN: 978658863431-8

Dados Internacionais de Catalogação na Publicação

S676p Soarele, Karen
Papo de autor: guia de carreira para escritores de fantasia / Karen Soarele. — Porto Alegre: Jambô, 2022.
128p.

1. Guias profissionais. 2. Ensaios. I. Soarele, Karen. II. Papo de Autor. III. Título.

CDU 82-4(035)

Sumário

Apresentação

PUBLICAR UM ROMANCE DE FANTASIA através de uma editora bem-conceituada é o objetivo de muitos escritores brasileiros em início de carreira. Porém, são poucos aqueles que conseguem. As editoras raramente estão abertas a receber manuscritos; quando recebem, muitas vezes não leem; e, quando leem, via de regra não publicam. Isso ocorre, em primeiro lugar, porque a concorrência é muito grande: há muito mais aspirantes a escritores do que o mercado comportaria publicar. Uma grande editora brasileira recebe, em média, cem originais não solicitados por mês, sendo que o trabalho de avaliação não é prioritário dentro de suas equipes. Se publica cinco destas obras por ano, é muito. Na maioria dos casos, o número de publicações tende a zero[1].

Além da concorrência, há o fato de que a maioria dos pretensos escritores peca pela falta de requisitos considerados básicos pelos editores e demais profissionais do livro. Como principais fatores, podemos citar a baixa qualidade literária, a ausência de formação de público e até mesmo a falta de postura profissional, temas que serão abordados neste livro. Mais do que isso, muitos autores enfrentam o obstáculo de pensar que sabem tudo e que já são profissionais formados, sendo que ainda há uma longa estrada pela frente[2]. Em muitos casos, a falta de oportunidades — seja devido à inaptidão ou pelo simples excesso de concorrência — leva muitos autores a publicarem seus romances por conta própria. Se por um lado isso ajuda a inundar o mercado com obras de baixa qualidade, por outro permite que escritores promissores deem o pontapé inicial em suas carreiras.

A boa notícia é que, por mais difícil que seja satisfazer os requisitos e atravessar a barreira entre a publicação independente e a publicação através de uma editora tradicional, esta não é uma empreitada impossível. Também não costuma ser um ato instantâneo, mas um processo de anos, que requer empenho e persistência. Foi assim que aconteceu comigo.

Estreei na carreira literária em abril de 2012. Como muitos autores iniciantes, especialmente aqueles voltados à fantasia,

A partir da primeira publicação tradicional, o mercado se abriu diante de mim como jamais imaginei.

encontrei as portas das editoras fechadas. Em face da perspectiva de que meu livro nunca chegasse às mãos dos leitores, optei por fazer a publicação por conta própria. Com um alto investimento em dinheiro e mais alto ainda em esforço e aprendizado, nasceu a primeira edição de *Línguas de Fogo*[3]. Além do processo editorial, realizei também a divulgação, organizei o evento de lançamento, contatei resenhistas, carreguei caixas pesadas, vendi livros pessoalmente, um a um a cada leitor, recebendo o dinheiro e dando o troco. Foi um trabalho árduo, ao qual meu ânimo sobreviveu apenas porque se sustentava em um propósito que estava determinada a alcançar. Ao final de 2012, a Amazon chegou ao Brasil trazendo a possibilidade de autopublicação em formato digital[4], o que tornou o ingresso no mercado literário mais barato, mas nem por isso menos exaustivo.

Com as vendas de *Línguas de Fogo*, pude custear a publicação de *Tempestade de Areia*[5], *A Rainha da Primavera*[6] e *A Canção das Estrelas*[7]. Foi apenas em 2015, após quatro romances publicados e um longo trabalho de divulgação das minhas obras e da literatura como um todo, que obtive resposta positiva de uma editora tradicional. Fui convidada pela Jambô para escrever no universo *Tormenta*, e pela primeira vez criei uma obra já sabendo que seria publicada. Foi como se o próprio mercado editorial me enviasse uma mensagem, dizendo: "Tudo bem, você provou que não é uma mera sonhadora, mas encara a literatura como um trabalho sério." A partir de então, me dediquei com ainda mais afinco. Assim, surgiram os romances *A Joia da Alma*[8] e *A Deusa no Labirinto*[9], ambos abraçados pela Jambô, que não apenas arcou com os custos da edição, como também foi responsável por toda a cadeia de divulgação, distribuição e venda, além do pagamento de royalties para a autora — atribuições inerentes ao que chamamos de editora tradicional.

A partir da primeira publicação tradicional, o mercado se abriu diante de mim como jamais imaginei. Surgiram novas oportunidades, como a participação em grandes eventos, incluindo palestras na programação oficial da Bienal do Livro Rio, da CCXP e da Feira do Livro de Porto Alegre. Também possibilitou um melhor desenvolvimento da minha escrita com auxílio do editor, que culminou na indicação como finalista do Prêmio Jabuti em 2020. E, mais importante, acarretou convites para trabalhar em novos projetos, como é o caso do livro-jogo *O Enigma do Sol Oculto*, uma obra de terror e investigação que faz parte da coleção *Nerdcast RPG*, e que já contava com mais de 16 mil exemplares vendidos antes mesmo de a obra estar finalizada.

Assim como eu, grandes nomes da literatura fantástica nacional também traçaram uma longa jornada até conquistar seu primeiro contrato. Leonel Caldela, Eduardo Spohr, André Vianco, Carina Rissi e Roberta Spindler são apenas alguns deles. Contudo, engana-se quem pensa que o mero passar do tempo é suficiente para que um autor alcance seus objetivos. Para cada carreira de sucesso, existem dezenas que nunca deslancham.

Quais são os segredos dos autores que alcançaram o sucesso? Quais são as pequenas atitudes capazes de pavimentar o caminho de um iniciante? Pensando na troca de experiências entre autores novos e experientes, em 27 de fevereiro de 2016 criei um grupo no Facebook chamado Papo de Autor. O objetivo era justamente trocar dicas, tirar dúvidas e promover debates que pudessem ser frutíferos para a carreira de todos. Ao longo dos anos, diversos outros projetos floresceram dentro do grupo, incluindo um site, um *podcast*, uma centena de *lives* sobre processo de escrita e duas coletâneas de contos, todos realizados com auxílio e participação dos demais membros. Hoje, com mais de 6 mil membros ativos, o grupo cresce de forma orgânica e mantém as discussões bem construídas, com tópicos contando com 20, 40 ou até 60 comentários de opinião. Em maio e junho de 2021, foram criadas 744 publicações no grupo, que receberam 11.810 comentários e 22.624 reações[10]. O tema mais abordado — superior, inclusive, às dúvidas sobre técnicas de escrita — é sobre como conseguir uma editora ou contornar a falta de uma.

Em termos mais específicos, as questões abordadas costumam seguir uma mesma linha de raciocínio, à medida que os iniciantes vão conhecendo os entraves do mercado. Grosso modo, surgem na seguinte ordem:

1. Escrevi meu livro. Alguém sabe de alguma editora que esteja aceitando originais?

2. Vou publicar de forma independente. Recomendam edição impressa ou digital?

3. Publiquei meu livro, mas ninguém compra. Como faço para divulgar?

4. Brasileiro não lê.

Não há como discordar da última afirmação. Segundo a quinta edição da pesquisa *Retratos da Leitura no Brasil*[11], realizada pelo IBOPE, 48% dos brasileiros não leram qualquer livro nos últimos

> As editoras raramente estão abertas a receber manuscritos; quando recebem, muitas vezes não leem; e, quando leem, via de regra não publicam.

três meses, nem ao menos em partes. Dos 52% que leram alguma coisa, conseguiram completar a leitura de apenas 1,05 livro. Se descontarmos os títulos didáticos e religiosos, que não interessam a este trabalho, a pesquisa conclui que, nos últimos três meses, a parcela da população considerada como "leitora" completou a leitura de apenas 0,64 livro de literatura. Os números são alarmantes. Porém, dito isso, vale lembrar que vivemos em um país com população superior a 209 milhões de habitantes. Desconsiderando as crianças com menos de cinco anos e aqueles que nada leram nos últimos três meses, restam-nos mais de 92 milhões de leitores, que nesse período leram mais de 59 milhões de livros completos. Há, sim, um problema de baixo índice de leitura no Brasil, e é necessário esforço para melhorar este quadro. Contudo, não há como culpar este baixo índice pelo fracasso em vendas dos autores iniciantes. O problema não é a falta de leitura como um todo, mas sim a dificuldade de acesso ou de interesse por um título sobre o qual nunca ouviu falar.

As reclamações publicadas no Papo de Autor indicam que há hoje uma exorbitância de autores em busca de espaço no mercado e no coração dos leitores, mas que não têm qualquer noção de qual caminho trilhar. Vejo uma verdadeira multidão de autores iniciantes lançando seus livros de forma descuidada e despejando seu dinheiro em anúncios nas redes sociais sem qualquer possibilidade de retorno. Vejo outros que apelam para a compaixão do leitor, "Compre meu livro, pelo amor de Deus", o que pode até render algumas vendas, mas dificilmente leva uma carreira adiante. Vejo, ainda, aqueles que dizem escrever apenas para si mesmos, mas "por favor deixe cinco estrelas na Amazon". Aqueles que procuram tradutor para inglês porque "vender nos Estados Unidos é mais fácil". Outros que estão esperando seu livro aparecer nos best-sellers do PublishNews, apesar de sequer saberem como a lista é formulada. Há ainda os que se envolvem demais com a Internet e esquecem que existe um mundo físico lá fora, ou aqueles que se

A dura realidade é que, principalmente em tempos de crise, as editoras mais prestigiosas buscam por autores que já possuam público cativo, o que favorece quem já está inserido no mercado envolvem tanto com a divulgação que acabam esquecendo da parte mais importante, que é a dedicação à escrita! Principalmente, o que mais vejo entre os autores iniciantes é a busca por uma solução única e definitiva para transformar um anônimo em celebridade da noite para o dia, sem se dar conta de que a construção de público é um trabalho constante e diversificado, que apenas apresenta seus verdadeiros benefícios no longo prazo.

A dura realidade é que, principalmente em tempos de crise, as editoras mais prestigiosas buscam por autores que já possuam público cativo, o que favorece quem já está inserido no mercado[12]. Sendo assim, como alguém pode sair do anonimato e se tornar relevante no mercado literário? Não há uma resposta única para essa pergunta, mas há a forma como funcionou para mim e para outros autores brasileiros. Neste livro, o objetivo é levantar uma reflexão a respeito da formação do profissional de escrita fantástica e da formação de seu público leitor, propondo estratégias para desenvolvimento de sua carreira, com base no que buscam os editores. Para isso, teremos em vista o objetivo derradeiro, que não é ficar famoso, mas levar a literatura fantástica nacional até as mãos do leitor, tornando-a economicamente sustentável para quem a produz.

O que significa "sucesso"?

A definição de sucesso varia muito de pessoa para pessoa. Há autores que escrevem com o objetivo de um dia ganhar o Nobel de Literatura, ou que sonham em ganhar milhões com adaptações de suas obras para o cinema. Outros são mais modestos, e querem apenas a satisfação de ver um livro com seu nome escrito na capa e poder mostrar para a família. Para este livro, o conceito de sucesso não é tão grandioso nem tão singelo, mas leva em conta as dificuldades e oportunidades do mercado de literatura fantástica no Brasil. Para nós, sucesso é quando o autor para de apenas investir financeiramente em sua carreira e passa a ser pago por seu trabalho.

Tornar-se um escritor profissional é difícil. Se um arquiteto leva quatro ou cinco anos para se formar na faculdade e só então se considerar um profissional, o mesmo acontece com um escritor: são anos de dedicação, com estudo e escrita incansáveis, até possuir a capacidade técnica para exercer a atividade de forma plena. Esse estudo não vem de graça: oficinas custam dinheiro e, mesmo que o aspirante a escritor opte pelo autodidatismo, as contas do mês continuam precisando ser pagas enquanto ele ocupa o tempo se qualificando. Além disso, muitos buscam a publicação independente como forma de avançar na carreira mais rapidamente, então aí está outro custo. Em suma, no início é necessário bastante investimento — seja na forma de tempo ou de dinheiro — e o sucesso começa quando esses investimentos passam a dar resultado.

Apesar de poucos, há autores no Brasil que vivem unicamente das vendas de seus romances. Há também aqueles que ganharam prêmios internacionais ou cujas obras foram adaptadas para o cinema. Não há problema em almejar tais feitos. Contudo, não recomendo aos escritores em início de carreira que se percam sonhando com algo tão distante. No início tudo é difícil: a única coisa fácil de alcançar é a frustração. Portanto, recomendo que tenham pé no chão e busquem conquistar objetivos um por vez, começando pela publicação em uma editora tradicional, que vá de fato trabalhar o marketing e as vendas do livro e que, consequentemente, será o alicerce do autor para conquistas ainda maiores.

NOTAS

1 APROVEITAMENTO..., 2006
2 MADRIGANO; MARTINO, 2019
3 SOARELE, 2012
4 CARDOSO, 2012
5 SOARELE, 2013
6 SOARELE, 2014
7 SOARELE, 2014
8 SOARELE, 2017
9 SOARELE, 2019
10 PAPO DE AUTOR, 2021
11 IBOPE, 2020
12 GUERRA; BACELLAR, 2018 p. 53

1. Panorama do Mercado

ESTE LIVRO SE DESTINA AOS ESCRITORES DE LITERATURA FANTÁSTICA DO BRASIL, abordando sua construção de carreira, com objetivo de conquistar um contrato com uma editora tradicional. Para tanto, cabe definir o conceito a ser utilizado para literatura fantástica, esboçar um breve panorama do mercado para esse tipo de publicação e estabelecer o que são editoras tradicionais, em oposição às demais formas de publicação.

Apesar de apenas recentemente ter recebido uma categorização em termos de marketing e de estudos acadêmicos, a literatura fantástica esteve presente ao longo da história da humanidade. Contos de fadas e mitos folclóricos já existiam muito antes da popularização da literatura escrita. Com o tempo, somaram-se a eles histórias no passado mítico, no futuro distante e em todos os tipos de mundos paralelos[1]. Em outras palavras, trata-se de um termo guarda-chuva que abrange diversos gêneros, incluindo alta fantasia, terror, ficção científica, realismo mágico e outros[2]. Para este livro, usaremos a definição mais ampla do termo, abarcando inclusive obras que flertam com a ficção especulativa e miram as grandes massas, caso dos gêneros mistério e policial, o que Matangrano e Tavares chamariam de "insólito": uma macrocategoria abrangente e acolhedora, que dá conta de inúmeros modos narrativos, dos contos de fadas onde magia é aceita como verdade e não questionada, até as histórias de *serial killer*, onde a atmosfera de horror se forma em uma conjuntura realista, sem qualquer elemento sobrenatural[3]. Em última análise, podemos nos aproximar da definição do 63° Prêmio Jabuti para a categoria Romance de Entretenimento. Segundo Pedro Almeida, curador do prêmio, a categoria se destinava à "Ficção Comercial, em que o destaque está na arquitetura do romance, no enredo, na história. Exemplos clássicos: Agatha Christie, John Grisham, Dan Brown, Khaled Hosseini, Stephen King, Jo Nesbo etc."[4]

A literatura fantástica tem estado sob os holofotes da grande mídia nas últimas décadas. Em grande parte, o interesse decorreu depois do sucesso da saga *Harry Potter* — que, a partir de 1997, representou um impacto mundial nunca antes associado a um livro[5] — acompanhado do extraordinário resultado financeiro atrelado a diversas adaptações cinematográficas no início do século. A franquia da Terra Média, incluindo os filmes *O Senhor dos Anéis* e *O Hobbit*, arrecadou mais de US$ 5,8 bilhões mundialmente. A quadrilogia *Jogos Vorazes*, US$ 2,96 bilhões nas bilheterias mundiais. E a própria saga *Harry Potter*, incluindo seus *spin-offs*, arrecadou mais de US$ 1,34 bilhão[6]. Isso sem contar a receita advinda de brinquedos, jogos de videogame, vestuário e demais produtos de *merchandising*.

O sucesso comercial das adaptações cinematográficas contribuiu para a formação de uma nova geração de público leitor[7] e motivou uma verdadeira revolução de pensamento dentro do mercado editorial. No Brasil, algumas editoras nasceram com o único intuito de publicar gêneros relacionados ao fantástico,

Trata-se de um termo guarda-chuva que abrange diversos gêneros, incluindo alta fantasia, terror, ficção científica, realismo mágico e outros.

como é o caso da Aleph e da Darkside[8]. Outras buscaram a inserção no mercado da fantasia, como foi o caso da Intrínseca, com o lançamento de *Ordem Vermelha: Filhos da Degradação*, de Felipe Castilho, em um evento de grandes proporções, ou até criaram novos selos especializados no gênero, como o selo Seguinte, da Cia das Letras[9]. Além disso, consolidou-se o hábito de participar de leilões para aquisição do direito de publicação das obras, tudo isso impulsionado pelo interesse arrebatador do público jovem pela leitura fantástica [10].

Se, por um lado, o público e as editoras embarcaram na febre da literatura fantástica, também a receptividade das obras estrangeiras abriu espaço para o ingresso ao mercado por parte de novos escritores nacionais. [11]. Assim, em 1999, André Vianco entra na lista de mais vendidos com *Os Sete*, um romance sobre vampiros que se passa no Brasil, e, em

O que é literatura fantástica?

Em resumo, para este livro abraçamos o insólito em todas as suas vertentes, incluindo fantasia, ficção científica, terror, mistério, policial, realismo mágico, entre outras. É o que muitos chamariam de "literatura de entretenimento" ou até "literatura de gênero".

2007, Eduardo Spohr lança *A Batalha do Apocalipse*, romance sobre anjos e demônios. Juntos, os dois autores somam mais de 1,7 milhões de livros vendidos[12]. Contudo, nenhum deles encontrou acesso fácil à publicação por meio de editoras tradicionais. Antes de despertarem o interesse das editoras, ambos iniciaram suas carreiras de forma independente: Vianco foi demitido do emprego e usou o valor do FGTS para financiar a publicação de seus livros [13], enquanto Spohr levou sua obra ao público por meio do site de entretenimento Jovem Nerd[14].

Via de regra, autores iniciantes que entram em contato com editoras recebem respostas negativas[15]. Este aspecto é intensificado pela enorme quantidade de originais recebidos para avaliação. Um levantamento extraoficial revela que uma editora de médio porte recebe entre 50 e 70 propostas de livros por mês. Já as grandes editoras, em época de Bienal do Livro, chegam a receber 300 originais para análise em um único mês. É muito mais do que as editoras são capazes de publicar, sendo que algumas sequer conseguem avaliar todas as propostas que recebem[16].

Como se o cenário já não fosse penoso o suficiente para os aspirantes a escritores, as notícias mais recentes do mercado são ruins. Nos últimos anos, o mercado editorial brasileiro vem sofrendo uma série de impactos negativos provocados por transformações tecnológicas e pela instabilidade política e econômica do país, o que rendeu ao período atual a alcunha de "a crise no mercado editorial". Como Avila e Vlad explicam:

> Segundo dados da pesquisa Produção e Vendas do Setor Editorial Brasileiro, realizada pela Fundação Instituto de Pesquisas Econômicas, o faturamento do mercado editorial sofreu uma queda de aproximadamente R$ 17 bilhões em 2006 para R$ 5 bilhões em 2018. Isso significa que o setor caiu 35% dentro desses 13 anos. Embora, até o ano de 2014, o mercado viesse registrando um cenário positivo de crescimento, diversos fatores contribuíram para a exposição de um gargalo no modelo de negócio praticado até então.[17]

Atualmente, o panorama é de um país onde o interesse do público leitor está em alta. Porém, devido à crise, as editoras passaram a evitar investir na publicação de autores pouco conhecidos, dando preferência a títulos com maior possibilidade de um grande volume de vendas imediatas a seu lançamento[18].

Sempre que o termo "editora" é citado neste livro, refiro-me às editoras tradicionais. "Uma editora tradicional é aquela empresa que seleciona, produz e vende livros. O lucro, quando há, vem da venda de livros e não de qualquer serviço prestado"[19]. Contrapõe-se aqui às editoras prestadoras de serviço, nas quais o autor é quem arca com os custos da publicação, assim como às editoras que trabalham em regime de coparticipação, nas quais o autor paga parte dos custos ou ainda ocorre uma pré-venda ou financiamento coletivo com objetivo de levantar os valores necessários. Nas editoras tradicionais, também conhecidas como editoras comerciais, todos os custos são pagos pela própria editora, que também fica responsável pela logística, venda e divulgação da obra. Conforme a quantidade de exemplares vendidos, a editora paga ao autor uma porcentagem prevista em contrato a título de royalties.

Nas prestadoras de serviço, o autor é o cliente: ele paga (ou faz alguém pagar) para que o serviço aconteça. Nas editoras tradicionais, objeto deste livro, o autor assume posição semelhante à de um prestador de serviços: precisa ter currículo para convencer alguém a contratá-lo e fica responsável por entregar um material de qualidade para a editora.

Juntos, os dois autores somam mais de 1,7 milhões de livros vendidos. Contudo, nenhum deles encontrou acesso fácil à publicação por meio de editoras tradicionais.

Editora tradicional x Prestadora de serviço

Editora tradicional	Prestadora de serviço
O autor é o contratado: ele cede os direitos de publicação em troca do pagamento de royalties.	O autor é o contratante: ele paga (ou faz alguém pagar) para que a editora transforme o original em livro.
A editora só ganha dinheiro se o livro vender.	A editora não precisa que o livro venda, pois ganha dinheiro logo ao fazer a publicação.
A editora investe em marketing.	A editora vai no máximo fazer um post nas redes sociais.
A tiragem de livros pertence à editora.	A tiragem de livros pertence ao autor.
O dinheiro flui da seguinte maneira: editora > autor.	O dinheiro flui da seguinte maneira: autor > editora. Na maioria dos casos, o dinheiro sai do bolso do autor, mas também pode sair de um financiamento coletivo ou edital público.
A editora faz a capa, a diagramação e a impressão do livro. Costuma ficar muito bom.	A editora faz a capa, a diagramação e a impressão do livro. Muitas vezes, é tão boa nisso quanto as editoras tradicionais.
A editora faz um trabalho caprichado de edição de texto.	Muitas vezes a edição de texto deixa a desejar.
Ter seu original selecionado é muito difícil e a resposta demora a chegar, pois os editores estão ocupados trabalhando no texto de autores que já são da casa.	Ter seu original selecionado é fácil e a resposta costuma vir rapidamente, pois a editora depende de novos contratos para se manter.

Além dessas duas formas mais comuns de publicação, há ainda editoras que oferecem contratos híbridos, também chamados de "parceria", nos quais os termos variam. Os contratos tradicionais costumam ser sempre bons. Os contratos com prestadoras de serviço ou em parceria podem ser bons, mas é necessário pesquisar bastante para encontrar empresas sérias. Lembre-se: se for fazer publicação com uma prestadora de serviços, então você é o cliente. Não assine contrato com a primeira editora que aparecer. Faça uma pesquisa de preços e serviços antes de assinar e, se possível, converse com autores que tenham sido publicados pela editora em questão.

Existem editoras que realizam os dois tipos de contrato dependendo da obra e do autor. Caso você fique em dúvida quanto a qual tipo de contrato está sendo oferecido, pergunte-se: se o livro não vender, quem sai perdendo? Se a resposta for "a editora", então se trata de um contrato tradicional. Por outro lado, se for "o autor", então é uma prestação de serviços.

NOTAS

1 STABLEFORD, 2005.
2 SOUZA, 2017
3 MATANGRANO; TAVARES, 2019.
4 ALMEIDA, 2015
5 STABLEFORD, 2005
6 MACHADO, 2018
7 BENICÁ, 2016
8 ALEXANDRE, 2015
9 MATANGRANO; TAVARES, 2019, p. 132
10 ALEXANDRE, 2015
11 SOUZA, 2017
12 BIANCHI, 2020
13 SOUZA, 2017
14 BIANCHI, 2020
15 SOUZA, 2017
16 LOBÃO, 2017, loc. 276
17 AVILA; VLAD, 2020, p.29.
18 AVILA; VLAD, 2020
19 GUERRA; BACELLAR, 2018

2. O que as editoras procuram?

NÃO EXISTE EDITORA SEM LIVROS E NÃO EXISTE LIVRO SEM AUTOR. Em outras palavras, a editora precisa do escritor. É ele o primeiro passo de uma longa cadeia produtiva, que inclui editores, preparadores, revisores, designers, ilustradores, gráficas, motoristas, estoquistas, distribuidores, vendedores e, enfim, leitores. Isso sem contar os responsáveis pela divulgação e, no caso de livros estrangeiros, pela tradução. Nenhum desses trabalhos pode ser feito se não houver alguém para redigir o texto original. É por isso que editoras estão sempre em busca de novos títulos para colocar em seus catálogos e de novos escritores. Mais do que isso, como bem aponta Stephen King, "editores estão em busca do próximo escritor que venda muitos livros e gere muito dinheiro..."[1]. Todos querem encontrar o que o mercado se acostumou a chamar de "o próximo *Harry Potter*": aquele título que, sozinho, sustenta a editora inteira e que, inclusive, permite que a empresa arrisque investir em outros títulos que tenham menos certeza de sucesso.

Contudo, por mais que as editoras estejam em constante busca pelo próximo *best-seller*, ainda assim são incapazes de acolher todas as propostas que chegam. Em verdade, editoras geralmente já possuem seus autores da casa e buscam acomodá-los no apertado cronograma de lançamentos. Possuem, também, agentes estrangeiros que oferecem o que há de melhor no mercado internacional.

> Como essas editoras vivem de vender livros, não é qualquer texto que vai interessá-las, uma vez que todo o investimento na produção e distribuição de cada livro sairá do seu próprio capital. Sendo assim, ela tentará diminuir os riscos de prejuízos ao máximo. Por conta disso, na busca constante de um livro que venda bem, elas dão preferência por livros publicados no exterior e que já tenham sido testados e aprovados por outros mercados. Ou autores nacionais que tenham boas críticas, algum renome em suas áreas de atuação ou que demonstrem já ter conhecimento do que seu público gosta, como aqueles escritores que têm seguidores para seus canais de mídias sociais.[2]

Para o pouco espaço que resta, há um processo de seleção ferrenho, que contempla uma exígua minoria. "A lógica da seleção, de filtrar os originais e só publicar aqueles com chance de sucesso, é mundial. Não há país no mundo que publique todas as obras escritas por seus cidadãos. Não há país no mundo em que todas as obras publicadas façam sucesso."[3]

Há, no entanto, uma diferença grande entre o Brasil e outros países, especialmente Estados Unidos e Europa. Lá, o mercado literário é mais aquecido, com uma população que lê mais e uma indústria cinematográfica que impulsiona a venda de livros[4]. Por pouco conhecimento de mercado que possa ter, o aspirante a escritor percebe esta carência logo no início de sua jornada. Aqui, são raras as instituições de ensino superior que oferecem cursos de escrita criativa, ainda mais raras as editoras dispostas a publicar autores em início de carreira, e quase inexistentes os agentes literários capazes de simplificar o processo de busca por uma casa

Editoras geralmente já possuem
seus autores da casa e buscam
acomodá-los no apertado
cronograma de lançamentos.

editorial. As formas de ingresso e crescimento na carreira literária são nebulosas. É de conhecimento geral que o envio do manuscrito digital para uma editora faz parte do processo, mas muitos escritores desconhecem os passos a serem tomados antes do envio.

De acordo com Christopher Kastensmidt, escritor norte-americano atuante no Brasil, o mercado como um todo peca pela falta de profissionalismo. Segundo ele, falta aos brasileiros o discernimento de que o objetivo da indústria não é alimentar o ego das pessoas envolvidas, mas sim executar uma atividade econômica. "Ao contrário da indústria literária norte-americana, ao contrário da indústria dos games, nas quais todos querem ganhar dinheiro. E não é só porque têm mais pessoas lendo ou jogando em um determinado lugar. A própria indústria sabe melhor o que está fazendo"[5]. Isso é muito visível em grande parte dos escritores em início de carreira. Muitos não se dão conta de que o livro é um produto: sua produção requer investimento e, para não dar prejuízo, ele precisa resultar em

O objetivo da indústria não é alimentar o ego das pessoas envolvidas, mas sim executar uma atividade econômica.

boas vendas. Isso apenas será possível se o autor for capacitado a ponto de entregar um material com qualidade suficiente para que o leitor concorde em pagar para ler.

Guilherme Dei Svaldi, editor-chefe da Jambô, editora especializada em literatura fantástica e RPG, reforça a necessidade de profissionalização. Segundo ele, esta vem muito antes da busca por uma editora. Para ilustrar seu argumento, em uma entrevista gravada em vídeo ele traça um comparativo com a carreira de medicina:

> Primeira coisa: tu quer trabalhar com publicação, quer ser um escritor profissional? Então seja um profissional. Se prepara. Pensa em outra profissão, digamos que teu sonho é ser médico. Que tu vai fazer? Qual é a primeira coisa que tu vai fazer? Vai estudar para um vestibular de medicina! Bom, não tem um vestibular, não tem uma faculdade de escritor, mas tem alguns cursos que te preparam. Tem Jornalismo, Letras, enfim. Tu não precisa necessariamente de um curso superior, mas tu precisa, sim, estudar. Precisa se preparar. Leia muito — sim, eu sei que essa dica é super batida, mas não tem como escapar dela — leia muito e não leia só literatura. Leia livros sobre literatura. Leia manuais de redação, leia livros sobre escrita.[6]

Svaldi concorda com Laura Bacellar, profissional com mais de trinta anos de estrada em grandes editoras, como Braziliense e Scipione, que acrescenta: "Editores não querem perder tempo ensinando a autores como se profissionalizar, nem querem investir um monte de trabalho para transformar uma obra com muitos defeitos numa obra publicável. Pelo menos não se o autor não for já muito famoso."[7]

Perante a concorrência monumental que existe no mercado literário e inclui desde autores-turistas — aqueles cujo sonho de carreira não sobrevive à primeira publicação — até doutores em literatura buscando explorar um novo gênero, fica evidente que o domínio da linguagem e das técnicas de narrativa é o mínimo que se espera de qualquer autor. Para King, "você não precisa ser bacharel em Letras para se tornar escritor, mas com certeza não vai fazer mal"[8], assim como não fará mal estudar por conta própria.

Porém, ter apenas qualidade literária não é suficiente. Com base em seus 12 anos trabalhando na Nova Fronteira, antes de partir para a LeYa, a editora Izabel Aleixo confirma que talento é o capital mais valioso de um autor, mas que não basta um livro ser bom para ser publicado. Segundo ela, "a maioria dos editores tem histórias de bons livros que chegam pelo correio mas não foram publicados por critérios comerciais, ou por outros motivos que nada têm a ver com méritos literários."[9]

Afinal, o que mais os editores procuram? Em seu livro, Sydney Guerra faz essa pergunta a alguns profissionais do mercado, e as respostas demonstram certa convergência de opiniões. Soraia Reis, diretora editorial da Companhia Editora Nacional e da Conrad Editora, afirma procurar por "Autores com qualidade de texto, criativos e que tenham uma boa relação com as mídias sociais"[10]. Renata Nakano, ex-editora executiva da Alaúde e sócia diretora do Clube Quindim, adiciona um novo termo à definição ao procurar por "Autores que trabalham a própria obra, que pensam não apenas na escrita, mas também em sua disseminação. Alguns chamam de *authorprenership*."[11]. Por sua vez, Lucas de Sena Lima, editor-assistente na Globo Livros, vai mais a fundo e dá exemplos de caminhos a serem seguidos:

> Em primeiro lugar, que invistam no aperfeiçoamento da sua escrita e na sua formação de leitor, o que é fundamental para todo profissional que trabalha com texto. Depois, que conquistem seu público leitor através de variadas mídias: jornais, revistas, podcasts, canais ou páginas na internet. O autor precisa se comunicar e conquistar leitores.[12]

Importante destacar que formação de leitor e formação de público são tarefas distintas. Quando Lima aponta a formação de leitor, ele se refere ao próprio escritor e sua bagagem literária. Não há como ser escritor sem antes ser leitor, apesar de haver uma geração de aspirantes a escritores que acredita isso ser possível e aprende a fazer uma divulgação de qualidade para uma obra precária[13]. É por isso que Lima aglutina aperfeiçoamento da escrita e formação de leitor, citando ambos como quesito fundamental. Incluo aqui também a humildade, necessária a todo profissional, para reconhecer que seu trabalho não é irretocável, e que ainda há muito o que aprender. Em seu *podcast*, Anna Fagundes Martino, editora especializada em ficção especulativa na Dame Blanche, destaca a humildade como característica de um autor com postura profissional:

> Por gentileza: você não é um gênio. Precisamos falar sobre isso. A pessoa vai chegar na editora e falar assim, olha: 'Meu livro é genial, lindo, maravilhoso, você precisa investir em mim.' Hum, não. A resposta é curta e grossa: não, eu não preciso, cara. Você não é tão genial assim.[14]

Embora não tão importante quanto a formação de leitor, a formação de público vem logo em seguida nas prioridades de Lima. É aludida também por Nakano e Reis — quando falam em disseminação da obra e boa relação com mídias digitais — e o público formado pelo autor pode ser fator crucial no que Aleixo se refere como critérios comerciais.

O domínio da linguagem e das técnicas de narrativa é o mínimo que se espera de qualquer autor.

Em resumo, as editoras recebem dezenas ou até centenas de manuscritos todos os meses, dos quais poucos são lidos e praticamente nenhum é publicado. Se um escritor quer ter o mínimo de chances, é preciso satisfazer três fatores fundamentais. O primeiro é qualidade literária, o mínimo esperado de qualquer escritor que esteja em busca de uma editora. Em segundo lugar, espera-se que o autor tenha algum público formado, o que não necessariamente significa ser famoso, mas ao menos ter um canal de comunicação com seus leitores, o que já aumenta as chances de a obra ser considerada vendável. Por fim, também é essencial que tenha postura profissional, demonstrada por meio de qualificação e humildade, pois as editoras não são escolas — você até pode aprender com elas, mas o papel delas não é instruir novatos, e sim publicar livros que passem em seu crivo. Como desenvolver estes três atributos fundamentais? Não há uma fórmula que funcione de igual maneira para todos, mas irei propor alguns métodos e recursos que funcionaram para mim e para outros autores estabelecidos no mercado.

Editoras não são escolas — você
até pode aprender com elas,
mas o papel delas não é instruir
novatos, e sim publicar livros que
passem em seu crivo.

Como é formulada a lista de mais vendidos?

Não existe, no Brasil, uma forma de contabilizar absolutamente todos os livros que são vendidos. Se você, como autor independente, vender um livro para um colega de trabalho, ninguém ficará sabendo. Como não ocorreu através dos canais tradicionais, essa venda não será contada na lista de *best-seller* do Publish News, nem na da Veja, nem em nenhuma outra. Da mesma forma, vendas feitas pelo site da editora diretamente para o leitor ou livros enviados como recompensas de financiamentos coletivos também ficam de fora. Para formular a lista de mais vendidos, o Publish News recebe informações de vendas realizadas apenas em livrarias, incluindo: Cultura, Curitiba, Leitura, Nobel, Saraiva e Travessa, além de várias outras livrarias menores e de algumas gigantes do *e-commerce*, como Lojas Americanas e Magazine Luiza. A listagem completa de livrarias consultadas está disponível no próprio Publish News, ao lado da lista de mais vendidos.

Ou seja, seu livro só será um *best-seller* do Publish News se ele tiver a distribuição para livrarias como principal canal de vendas. Porém, existem livros que vendem muito bem, mas não aparecem em lista alguma. Por exemplo: na semana de 30/11/2020 a 06/12/2020, o livro mais vendido do ranking geral foi Mais esperto que o diabo, com 3.599 exemplares.[15] No mesmo período, houve o início da campanha de financiamento coletivo Nerdcast RPG: Coleção Cthulhu, para viabilizar a publicação de um box contendo dois romances de Leonel Caldela, um quadrinho de Fábio Yabu e Fred Rubin e um livro-jogo escrito por mim. Em apenas três dias de campanha, recebemos 9.634 apoios![16] Se tivéssemos vendido através de uma livraria, o box figuraria no topo da lista. Porém, não aparecer ali acaba não sendo um problema: os livros continuam chegando até as mãos dos leitores, e o escritor continua sendo pago pelo seu trabalho.

"Mas por que a própria editora não informa suas vendas para o Publish News?" É simples: sites jornalísticos não recebem esse tipo de informação direto das editoras porque não há uma forma idônea de confirmar a veracidade dos números. Isso não impede que cada editora possa criar sua própria lista de mais vendidos e divulgar para os leitores em seu próprio site ou redes sociais. A Editora Pendragon faz isso em seu Instagram[17], por exemplo. Também não é incomum que editoras divulguem qual foi o livro mais vendido ao término de bienais.

A Amazon também possui seu próprio ranking. Porém, ele precisa ser analisado com certa desconfiança. Isso porque a lista — tanto a de livros físicos quanto a de livros digitais — leva em consideração apenas as vendas realizadas na última hora.[18] Isso faz com que seja fácil manipular as informações: basta pedir para que vários amigos comprem um livro ao mesmo tempo, que ele logo sobe na classificação. Essa volubilidade é especialmente notória em se tratando de livros digitais, dado os baixos índices de vendas para todos os títulos. Ou seja, ser um *best-seller* de e-books na Amazon apenas é digno de nota para autores que consigam se manter na lista por mais do que um dia.

NOTAS

1 KING, 2015, p. 193
2 GUERRA; BACELLAR, 2018 p. 53
3 GUERRA; BACELLAR, 2018 p. 46
4 SOUZA, 2017
5 KASTENDMIDT, citado por SOUZA, 2017, p. 387
6 SVALDI, in SOARELE, 2018, min 15:39, sic
7 BACELLAR, 2017
8 KING, 2015, p 195
9 APROVEITAMENTO..., 2006, p. 2
10 GUERRA; BACELLAR, 2018, p. 68
11 GUERRA; BACELLAR, 2018, p. 68
12 GUERRA; BACELLAR, 2018, p. 72
13 FIGUEIREDO, 2017
14 MADRIGANO; MARTINO, 2019
15 LISTA, 2020
16 JOVEM NERD, 2021
17 EDITORA PENDRAGON, 2022
18 KINDLE, s.d

3. Qualidade Literária

EM PRIMEIRO LUGAR, É IMPORTANTE REFORÇAR QUE ESCREVER É PROFISSÃO. Claro que existe a figura do autor que cria apenas por lazer, para ser lido pela família e pelos amigos, mas este não precisa ser contratado por uma editora para levar adiante seu hobby[1]. Não há qualquer impedimento em se expressar artística e literariamente sem a aspiração de construir carreira. Editoras, no entanto, são empresas onde trabalham profissionais do livro, firmando contrato com outros profissionais do livro. Para um escritor em início de carreira, o primeiro passo para conquistar um contrato costuma ser encarar sua arte como profissão e se portar de acordo. Isso inclui, antes de mais nada, compreender que um profissional precisa garantir a qualidade de seu trabalho. E compreender que, embora existam gênios que parecem nascer já dominando a maestria da literatura, tais casos são raros, e é bem provável que não se aplique à situação. Na esmagadora maioria dos casos, a qualidade literária vem ao custo de grande esforço.

> Todo mundo é capaz de contar uma história. Fazemos isso todos os dias. 'Você não vai acreditar no que aconteceu no trabalho.' Ou 'Adivinhe o que acabei de fazer!' Ou ainda 'Um cara entra em um bar...' Vemos, ouvimos, lemos e contamos milhares de histórias em nossas vidas. O problema está em contar uma história que seja excelente. Se você quer se tornar um mestre em narrativa, e talvez até mesmo ser pago para escrever, irá se deparar com tremendos obstáculos. Para começar, mostrar o como e o porquê da vida humana já é um trabalho monumental. Você tem que ter uma compreensão profunda e precisa deste assunto, que é o mais complexo que existe. E então deve ser capaz de traduzir sua compreensão em uma história. Para a maioria dos escritores, essa parte pode ser o maior desafio de todos.[2]

Encanta-me nesta passagem de Truby o emprego do termo "traduzir". Não raro, aspirantes a escritores relatam ter a história inteira na cabeça, mas se queixam de que, ao se sentar para escrever, não conseguem encontrar as palavras certas. A meu ver, isso ocorre porque nem tudo na mente humana está traduzido em palavras. Somos dotados de sentimentos, instintos, euforias, preocupações, percepções e entendimentos de mundo que são complexos e singulares de cada um. As histórias não nascem prontas. Para transformar ideais e sensações em uma narrativa legível para outros seres humanos, é preciso passar por este processo de tradução. A boa notícia é que a Língua Portuguesa possui riqueza de vocábulos e de construções textuais, além de uma infinidade de figuras de linguagem dotadas de grande significado. Somando isso à criatividade do autor, é possível transmitir as mais complexas ideias e emoções. Contudo, há um processo para aprender a realizar tal feito com competência, o que envolve a prática constante de leitura e escrita, além do aprendizado de técnica literária.

Há quem rechace o conselho de melhorar sua técnica literária, afirmando que o aprendizado irá sufocar a criatividade. Contudo, a verdade é que "não há grande artista que não seja, ao mesmo tempo, um grande mestre na técnica de sua arte"[3]. Ao desenvolver um texto baseado apenas em sua própria intuição, o autor corre o risco de repetir erros que já foram superados no passado, além de possuir menos ferramentas necessárias à tradução de suas ideias para o formato de narrativa escrita. Há milênios a civilização vem desenvolvendo a arte de contar histórias. Há séculos, a arte de estruturar e redigir romances. Não há qualquer motivo para o novo escritor tentar reinventar a arte de contar histórias a partir do zero. Em vez disso, vale aprender com aqueles que vieram antes e, a partir disso, somar suas próprias descobertas. É uma forma de agilizar a profissionalização do autor. É uma forma de dar contribuições mais valiosas para o mundo da literatura.

Há, ainda, quem pense que os anos de educação básica sejam suficientes para sua formação como escritor. Porém, essa percepção dificilmente se aproxima da realidade. Após seis anos avaliando originais para a Companhia das Letras, Vanessa Ferrari é categórica ao afirmar que os anos de escola não são suficientes. "Os programas pedagógicos, que incluem gramática, estudos literários e leituras obrigatórias, apenas resvalam na escrita profissional, pois ignoram

Para um escritor em início de carreira, o primeiro passo para conquistar um contrato costuma ser encarar sua arte como profissão e se portar de acordo.

a estilística, disciplina que discute e treina o leitor para as sutilezas narrativas"[4]. Além disso, segundo dados divulgados pelo MEC com base na Prova Brasil — que avalia a rede pública de forma obrigatória e a privada de forma facultativa — apenas 1,64% dos alunos do ensino médio demonstram possuir conhecimento adequado em Língua Portuguesa[5], indicando que talvez nem mesmo o objetivo da escola esteja sendo alcançado. Como consequência, a grande maioria dos originais que chegam às editoras são impublicáveis e terminam por serem descartados. Ferrari afirma que, em realidade, muitos dos autores sequer se dão conta do abismo de qualidade entre seu texto "impreciso, prolixo, ilógico, inconcluso, [...] repleto de metáforas manjadas, adjetivos genéricos, frases sem ritmo" e aquilo que se espera de uma escrita profissional[6].

"Um livro tecnicamente perfeito com uma boa história tem mais chances de ser publicado por uma editora que um livro que tenha uma boa história, mas cuja forma de apresentação tenha falhas"[7], e este fato se torna ainda mais acentuado ao considerarmos a alta concorrência citada anteriormente. Sendo assim, como melhorar a qualidade literária? Existem inúmeras formas, cada qual mais adequada à realidade e às vivências de cada autor. Três delas, no entanto, se destacam como principais.

Melhorar a escrita por meio da leitura

A primeira forma de melhorar sua qualidade literária é a partir da leitura. Parece óbvio, mas, surpreendentemente, proliferam-se os aspirantes a autores que não sabem o básico a respeito de um livro. "Quantas páginas precisa ter um capítulo?", "Para as falas, devo usar aspas ou travessão?", "É melhor escrever em primeira ou em terceira pessoa?": esses são apenas alguns dos questionamentos que frequentemente surgem no grupo Papo de Autor, e que são facilmente respondidos por qualquer pessoa com hábito de leitura. O maior problema está nas perguntas que tais autores, hesitantes

A Língua Portuguesa possui riqueza de vocábulos e de construções textuais, além de uma infinidade de figuras de linguagem dotadas de grande significado. Somando isso à criatividade do autor, é possível transmitir as mais complexas ideias e emoções.

quanto aos aspectos mais simples do texto, sequer são capazes de formular: questões complexas sobre desenvolvimento de personagens, progressão de conflitos, abordagem de conceitos abstratos e até mesmo encadeamento de frases — elementos fundamentais na construção de um livro, e que requerem bagagem literária por parte de quem escreve. Essencialmente, não há como escrever um romance se você não sabe como é um romance.

Autor nacional de fantasia e terror que já esgotou uma tiragem de 10 mil cópias em um único dia de lançamento, Leonel Caldela conta que os livros que mais o ajudaram em sua formação não foram manuais de escrita, mas os próprios livros de literatura. "Eu costumava imitar o estilo dos escritores que eu gostava, para ver o que era que funcionava. [...] Dissecava os livros"[8]. Stephen King também apoia o ato de copiar estilos como forma de exercício:

> Quando li Ray Bradbury na juventude, comecei a escrever como ele — tudo verde e assombroso e visto por uma lente manchada pela gordura da nostalgia. Quando li James M. Cain, passei a escrever de um jeito objetivo e cru, com enredos pesados. Quando li Lovecraft, minha prosa ficou exuberante e intrincada. Quando adolescente, escrevi histórias que misturavam todos esses estilos, criando uma mistureba hilária. Esse tipo de fusão estilística é necessária para o desenvolvimento do estilo do escritor, mas não ocorre no vácuo. Você tem que ler de tudo, refinando (e redefinindo) constantemente o próprio trabalho no caminho. Acho difícil acreditar na existência de pessoas de pouca (ou nenhuma) leitura que tentam escrever e esperam que os leitores gostem de seus textos, mas sei que elas estão por aí. Se eu ganhasse um centavo por cada um que já me disse que queria ser escritor, mas "não tinha tempo para ler", daria para pagar um bom jantar em uma churrascaria. Posso ser direto? Se você não tem tempo de ler, não tem tempo (nem ferramentas) para escrever. Simples assim.[9]

King é enfático ao dizer que "não há atalho": a leitura é vital, pois "ensina ao escritor aprendiz sobre estilo, narração elegante, desenvolvimento de enredo e criação de personagens críveis". Permite ao autor escrever com paixão e sem inibição, sabendo o que já foi feito, o que funciona e o que não funciona mais. Em suma, sua principal importância é "criar intimidade e facilidade com o processo de escrita"[10]. Autor de *A Guerra dos Tronos*, George R. R. Martin concorda com a argumentação, em especial a questão de conhecer o que já foi escrito antes dentro do gênero de atuação do escritor. Segundo ele, autores pouco versados correm o risco de reinventar a roda. Não raro, vê escritores oriundos de outros gêneros utilizando "ideias que já eram velhas vinte anos atrás". Por isso, quando leciona para turmas de escrita criativa, sempre incentiva os alunos a consumirem do gênero literário dentro do qual esperam escrever[11]. Contudo, é de suma importância não ler apenas seu próprio gênero. Alexander Steele, reitor do Gotham Writers' Workshop, defende a leitura ampla e ousada, dizendo que até mesmo livros ruins servem de aprendizado.

> É bom ler alguns dos chamados grandes escritores, mas, se quiser, não hesite em estudar aqueles menos conhecidos, que seriam zombados por um professor de literatura. [...] Se você leu uma história que o deixou indiferente, pergunte-se por quê. O que falta nela? Será que o enredo não é plausível? A história parece sem sentido? As frases são exageradas? É possível aprender muito com uma história da qual você não gosta."[12]

A partir de uma fundamentação herdada de seus antecessores, é possível pular para a etapa mais avançada, de desenvolver técnica e estilo inéditos.

Melhorar a escrita por meio de oficinas

Por falar em Gotham Writers' Workshop, a segunda forma de melhorar sua qualidade literária, embora não seja unânime entre escritores de sucesso, é por meio de oficinas de literatura. Como já foi dito, não há por que descartar todo o conhecimento acumulado pela civilização até o momento. "Parte de ter uma vida literária gratificante passa por usar da experiência de outras pessoas para encurtar sua própria curva de aprendizado"[13]. Assim, o autor não precisa perder tempo tentando, por conta própria, desvendar o básico da escrita — algo que muitos já fizeram antes. A partir de uma fundamentação herdada de seus antecessores, é possível pular para a etapa mais avançada, de desenvolver técnica e estilo inéditos.

A maneira como uma oficina se dá costuma envolver um professor realizando exposição teórica e propondo exercícios práticos, com leitura das produções dos alunos seguida de análise por parte dos colegas e do próprio professor. As vantagens podem englobar não apenas conselhos sobre o ofício, mas também a respeito da escrita como negócio[14]. Além de aprender com a experiência dos demais, você será forçado a escrever material bom e sólido[15].

A participação em uma oficina literária foi fundamental para o início da carreira de Leonel Caldela, no longínquo ano de 2002. Ao longo do curso, aprendeu a aplicar método, disciplina e racionalidade na hora de desenvolver seus escritos. Se antes sentia que acertava em certos textos por mero acidente, com o estudo foi capaz de acertar de propósito, tendo domínio das ferramentas necessárias para transmitir ideias de forma efetiva, sem depender apenas do acaso. Quando ingressou, sentia-se extremamente cru. Pior do que isso, não tinha consciência de quais competências lhe faltavam — o que significa que a oficina foi um abrir de olhos. Depois de onze romances de sucesso, Caldela reconhece que o aprendizado foi decisivo em sua busca pela primeira publicação, pois não possuía apenas as ideias, mas também as ferramentas

Há milênios a civilização vem desenvolvendo a arte de contar histórias. Há séculos, a arte de estruturar e redigir romances. Não há qualquer motivo para o novo escritor tentar reinventar a arte de contar histórias a partir do zero. Em vez disso, vale aprender com aqueles que vieram antes e, a partir disso, somar suas próprias descobertas para as colocar em prática. "Se eu apresentasse uma ideia mirabolante, mas que eu não soubesse como executar, eu tenho certeza de que não iria pra frente."[16]

Quanto à oferta de cursos no Brasil, infelizmente ficamos atrás de países da América do Norte e Europa.

> Nos Estados Unidos e Inglaterra, os cursos de "Storytelling" (que poderíamos traduzir livremente como "contar histórias") começaram a aparecer logo após a segunda guerra mundial e vêm se aperfeiçoando desde então. [...] A existência de um estudo sistematizado e organizado de técnica para aperfeiçoamento da produção literária explica não só o sucesso alcançado por escritores anglo-saxões, como Dan Brown, J. K. Rowling, James Patterson, Michael Crichton, James Rollins e muitos outros, como também explica a dificuldade de autores brasileiros de entrarem neste mercado, uma vez que nos falta esta mesma formação. Algumas iniciativas de estabelecer cursos de graduação e pós-graduação na área de produção literária começaram a aparecer no Brasil a partir do ano 2000, e aos poucos têm se firmado, como os cursos da PUC-Rio, da PUC-RS, da Vera Cruz em São Paulo e outros.[17]

A popularização da Internet nas últimas décadas tem possibilitado driblar em parte esse entrave, permitido a autores brasileiros estudarem à distância, seja nos inúmeros cursos nacionais que se proliferam na web, seja em escolas estrangeiras. Contudo, há que se tomar cuidado em relação à idoneidade de cada instituição. Existem cursos de maior e menor prestígio, onde escritores podem aprender a ter disciplina, sobre como estruturar projetos, por onde começar a escrita e como chegar ao final. "Mas existe também o famoso curso que vai te ensinar a ser um best-seller. E que fique claro que isso não existe! Ninguém é capaz de prever um best-seller!"[18]. Em outras palavras, os cursos são facilitadores, mas a responsabilidade de vencer obstáculos e progredir na carreira continua recaindo unicamente sobre o autor.

Quanto à referida falta de unanimidade em relação à utilidade das oficinas, King afirma que "as horas gastas falando sobre a escrita são um tempo em que não estamos *escrevendo*"[19]. Não lhe agrada as críticas muitas vezes não fundamentadas e a exigência de "escrever de porta aberta", termo cunhado por ele para os momentos em que um autor permite que seu rascunho não-lapidado vá a público. Porém, mesmo que lhe incomode a necessidade que alguns iniciantes têm de receber uma chancela para que se sintam escritores, ele admite que as oficinas apresentam um benefício inegável: o fato de que nelas o desejo de escrever é levado a sério. Além disso, o convívio com autores veteranos que atuam como professores muitas vezes propicia ao escritor seus primeiros contatos dentro do meio editorial.

Outro ponto que pode ser negativo ao participar de oficinas é o potencial que elas têm de "exacerbar problemas psíquicos, esmigalhar seu ego e até mesmo impor um profundo bloqueio de escrita". Em muitos casos, isso acontece pela participação de colegas destrutivos

> Por mais que experiência não seja exigida no momento de contratar um autor, ela com certeza impacta positivamente na qualidade do texto produzido.

em uma turma de escrita. Por outro lado, mesmo em uma turma com este problema ainda é possível "aproveitar ao máximo conectando-se com as pessoas de quem você gosta e que possam contribuir com energia, feedback e inspiração."[20]

Apesar de ter estudado no Clarion West Writers Workshop, Clara Madrigano, autora e ex-editora da Dame Blanche, é reticente ao recomendar oficinas.

> Estão surgindo aos poucos esses pequenos cursos voltados para a escrita que antes não existiam no Brasil, e eu acho todos eles válidos, [...] no sentido de que eles oferecem perspectivas novas. [...] Mas qual é o grosso desses workshops? Desses Master's of Fine Arts de Escrita Criativa? É você escrever! Você escreve um conto por semana, um texto [...] ou um trecho do seu projeto, do romance que você está tentando concluir, e aí você faz uma leitura para outros alunos e professores do curso.[21]

Ou seja, por mais que haja o que se aprender nos cursos, o mais importante no processo de obtenção do domínio da escrita jamais deixará de ser dois fatores incentivados pelos próprios cursos: "a leitura obsessiva e o hábito de escrever"[22]. Desta forma, chegamos à terceira forma de melhorar sua qualidade literária: por meio do exercício da escrita.

Melhorar a escrita por meio da prática

Em 2019, a Jambô Editora anunciou um concurso de contos fantásticos, a fim de selecionar seis novos autores que integrariam a antologia *Crônicas da Tormenta Volume 2* ao lado de nomes já estabelecidos no mercado. Apesar de os jurados não terem recebido qualquer acesso aos currículos dos 198 candidatos, todos os seis selecionados já possuíam algum tipo de histórico de trabalho com o texto. Metade deles, em áreas paralelas à proposta da antologia: um deles possuía currículo em produção de texto científico, outro era revisor de revistas digitais e o terceiro escrevia matérias e resenhas em seu blog. Quanto à

Se antes sentia que acertava em certos textos por mero acidente, com o estudo foi capaz de acertar de propósito, tendo domínio das ferramentas necessárias para transmitir ideias de forma efetiva, sem depender apenas do acaso.

outra metade dos selecionados, cada um trazia no currículo um ou mais romances e diversos contos no gênero específico[23]. Com base neste caso, é possível supor que, por mais que experiência não seja exigida no momento de contratar um autor, ela com certeza impacta positivamente na qualidade do texto produzido.

Experimentei isso na prática, com minha própria evolução como autora. Em 2012, meu primeiro romance foi satisfatoriamente bem recebido pelos leitores. Porém, apenas em 2020, com o sexto romance, é que fui finalista do Prêmio Jabuti. O aperfeiçoamento é sentido de obra em obra, tanto pela qualidade final do texto, quanto pela crescente facilidade no momento da escrita, especialmente ao narrar cenas complexas. Não apenas eu sinto essa evolução, mas também os leitores e resenhistas:

> Como leitor, me chamou bastante a atenção a evolução de Karen Soarele em sua narrativa [...] e posso dizer isso com propriedade. Afinal, já li TODOS os livros dela, e acompanho sua carreira desde o início. Embora algumas cenas tenham me parecido longas demais no enredo, sua descrição passou por um evidente salto de qualidade, e a narração das batalhas ganharam um tom mais fluido e imersivo para quem lê.[24]

Portanto, é imprescindível que o autor exercite sua escrita. Mesmo que os contos ou romances fruto do exercício nunca cheguem a ser publicados por uma editora, eles servirão como degrau para alcançar a almejada publicação. É uma simples questão de que a prática leva à perfeição — ou, se não existe texto perfeito, ao menos leva ao aprimoramento. Em vista disso, "certifique-se de reservar um período todos os dias, ou pelo menos vários dias por semana, para escrever. Trate esse tempo como sacrossanto. Levante-se uma hora antes de manhã ou vá para a cama um pouco mais tarde. Assista menos televisão."[25] Para isso, é essencial ter disciplina, uma das grandes virtudes do escritor de sucesso. "Embora a imaginação seja a expressão máxima do artista idealizado — curioso, receptivo e apaixonado — a disciplina fundamenta a imaginação no pragmatismo e na estrutura. No centro da tensão essencial entre essas duas qualidades existe o escritor perfeito."[26]

Assim como se espera que uma cozinheira profissional saiba cozinhar, que um fotógrafo profissional saiba fotografar e que uma dançarina profissional saiba dançar, no caso de um escritor profissional, o mínimo que se espera é que saiba escrever. Mas não basta cozinhar, fotografar, dançar ou escrever como um amador. Para ser considerado profissional e conseguir um contrato (de trabalho ou de edição), é preciso exercer a função com a competência e a desenvoltura de um profissional. E esse aprendizado cabe ao autor. "Não adianta esperar que editores ocupados ensinem seu ofício. Cabe a você desenvolver a capacidade de avaliar seu próprio trabalho"[27]. Além dos métodos de aprimoramento do ofício aqui citados, é normal que cada escritor desenvolva seus próprios métodos, de acordo com sua personalidade, seus gostos pessoais e o autoconhecimento que se adquire com o avançar da carreira.

NOTAS

1 SVALDI, in SOARELE, 2018
2 TRUBY, 2008, p. 3, tradução nossa
3 BRASIL, 2019, p. 28
4 FERRARI, 2017, p. 28
5 FAJARDO; FOREQUE, 2018
6 FERRARI, 2017, pp. 29-30
7 LOBÃO, 2017, loc. 500
8 CALDELA, in SOARELE, 2021, min 18:38
9 KING, 2015, pp. 116-117
10 KING, 2015, pp. 116-120
11 MARTIN, in VANDERMEER, 2013, pp. 294-295, tradução nossa
12 STEELE, in GOTHAM, 2003, p. 21, tradução nossa
13 VANDERMEER, 2009, p. 192, tradução nossa
14 LEMAITRE, in GOTHAM, 2003, p. 260, tradução nossa
15 RAMBO, in VANDERMEER, 2009, p. 304, tradução nossa
16 CALDELA, in SOARELE, 2021, min 12:00
17 LOBÃO, 2017, loc. 210
18 MADRIGANO; MARTINO; OLIVEIRA, 2020, min 34:20
19 KING, 2015, p. 115
20 RAMBO, in VANDERMEER, 2009, p. 304, tradução nossa
21 MADRIGANO; MARTINO; OLIVEIRA, 2020, min 07:44
22 MADRIGANO; MARTINO; OLIVEIRA, 2020, min 07:44
23 MENDES, 2021
24 MAGALHÃES, 2020, sic
25 LEMAITRE, in GOTHAM, 2003, p. 260, tradução nossa
26 VANDERMEER, 2009, p. 167, tradução nossa
27 RAMET, 2007, p. 161, tradução nossa

4. Formação de Público

COMO JÁ FOI DITO, ESCREVER BEM É REQUISITO INDISPENSÁVEL PARA TODO ESCRITOR. Ainda assim, a concorrência entre aqueles que se esforçam para desenvolver sua técnica continua numerosa e acirrada. Além disso, quando um novo manuscrito — entre centenas — é adicionado à pilha de tarefas com as quais o editor precisa lidar em seu tempo curto, faz-se necessário chamar a atenção de alguma outra forma. E, para se destacar dos concorrentes, recomenda-se oferecer ao editor algo que os demais autores e seus manuscritos não ofereçam, um diferencial. E uma excelente ideia é demonstrar que existe interesse do público na sua pessoa e no que você escreve. Nesse aspecto, a popularização da internet tem se mostrado uma ferramenta muito útil.

A realidade é que, principalmente em tempos de crise, as editoras mais prestigiosas buscam por autores que já possuam público cativo. Além de um favoritismo aos autores que já vêm de longa carreira, isso resultou também no fenômeno que ficou conhecido como "livros de *youtubers*", no qual diversas editoras publicaram obras de personalidades da Internet, não necessariamente relacionadas à literatura, com o objetivo de vender para os milhares de seguidores. Esse é o caso de Pedro Rezende Posso, que alcançou mais de 1 bilhão de visualizações no YouTube com seus vídeos sobre o jogo *Resident Evil*, e chamou a atenção da editora Suma para publicação de dois livros nos quais o autor se transforma em personagem ficcional em universo de jogos famosos, como *Minecraft*. Assim como ele, influenciadores como PC Siqueira, Bruna Vieira e Kéfera Buchmann também fizeram carreira com vídeos do YouTube e, ao decidirem publicar seus livros, foram recebidos de braços abertos pelos editores[1].

Para um escritor em início de carreira, pode parecer impossível, e até injusto, comparar seu número de seguidores aos dos famosos da Internet. Porém, não há essa necessidade. O escritor não precisa ter milhões de fãs para demonstrar que há interesse em seu conteúdo. Não precisa rivalizar com a Kéfera. Basta que se sobressaia em relação à massa formada pelos demais escritores iniciantes — em especial, diferenciar-se daqueles que não encaram a literatura como profissão.

> A maior parte das editoras recebe muito original para avaliar. Se tu chegar com um diferencialzinho, tu já consegue te destacar e efetivamente ser lido por uma editora. É diferente de tu chegar assim: 'Ah, meu nome é Fulano de Tal, eu sou um aspirante a escritor, eu tenho um manuscrito e eu tenho 10 mil seguidores no Twitter.' Opa! A editora vai dar uma olhada. Tu não precisa ter um milhão de seguidores. Mas, se tu tem alguns milhares — não é fácil, mas também não é impossível —, tu já vai se destacar de alguma forma.[2]

Como dito, muitas das obras que chegam às editoras sequer são lidas. Desta forma, não adianta ter excelente qualidade literária, se o livro será descartado antes mesmo de ter a chance de apresentar seus atributos. Sendo assim, demonstrar que há interesse do público pode ser muito útil, já que pode ser a diferença entre o avaliador ler a sua obra ou não.

Não adianta ter excelente qualidade literária, se o livro será descartado antes mesmo de ter a chance de apresentar seus atributos.

Vale ressaltar que, no momento em que se apresenta para a editora, o autor é tão importante — ou até mais — do que o livro. Será um grande trunfo se o público simpatizar com você, gostar de suas opiniões ou da maneira como se expressa[3]. No século passado, quando Guerra e Bacellar começaram a trabalhar no mercado editorial, tinha-se a ideia de que o trabalho do autor estava concluído no momento em que assinava o contrato de publicação. Ou, ainda, estendia-se até a noite de autógrafos e nada mais. Porém, em décadas acompanhando lançamentos em editoras de prestígio, como Brasiliense, Paz e Terra e Companhia das Letras, perceberam que os livros que esgotavam e precisavam ser reimpressos eram justamente dos autores que davam palestras, escreviam artigos em jornais e frequentavam eventos culturais[4]. Hoje, é tido como consenso entre diversos editores que "a participação do autor é essencial para a venda do livro"[5]. Assim, demonstrar que possui o interesse e as ferramentas para contribuir com a divulgação de sua obra pode fazê-la parecer mais economicamente viável aos olhos do editor.

Além de contribuírem com a divulgação dos livros, blogueiros literários e colegas escritores servem de suporte emocional ao longo da carreira.

Em 2015, quando entrei em contato com a Jambô Editora para me apresentar e apresentar os meus livros, também aproveitei a oportunidade para citar o trabalho de divulgação que já vinha fazendo. Isso incluiu enviar fotos de participações em eventos, anexar entrevistas em jornais, listar participações em *podcasts* e citar a quantidade de seguidores nas redes sociais. Vejo isso como um acerto, já que o responsável pela editora entrou em contato comigo logo em seguida. Nas palavras dele:

> A maior parte das editoras hoje não está publicando autor completamente desconhecido, o que não significa que elas não publiquem autor que ainda não foi publicado. Afinal, todo mundo um dia não foi publicado. Mas hoje tu pode, mesmo sem ter sido publicado, já começar a criar um nome pra ti. Como? É bem simples: rede social, blog, Wattpad, Facebook, enfim. Começa a criar um nome para ti, bota tuas caras em grupos e comunidades literárias, publica online — não tem custo — mostra teu trabalho por aí, cria um nome para ti antes mesmo de tu chegar na editora.[6]

Presença digital

Em tempos de alta conectividade, a atitude mais básica para um autor que pretende divulgar seu trabalho é possuir perfil nas redes sociais. Não é obrigatório manter todas atualizadas — até porque é quase impossível estar em todos os lugares ao mesmo tempo — mas só o ato de possuir um perfil em cada rede já faz com que você passe a existir naquele espaço. Além disso, é importante que haja uma padronização de informações em todos os seus perfis, o que inclui, principalmente, usar o mesmo nome em todas as redes (preferencialmente, o exato nome que você usa na capa dos livros). Como brasileiros têm costume de se tratar pelo primeiro nome, recomendo não o abreviar, especialmente se o livro for voltado para o público jovem. Abreviaturas são aconselhadas apenas em nomes do meio. Para transmitir profissionalismo, é importante também ter uma boa foto de perfil.

> Não tenha uma foto de bichinho. Não tenha um desenho. Tenha uma foto tua bem tirada. Não precisa necessariamente contratar um fotógrafo profissional, mas se arruma bem, olha para a câmera, sorri e entenda que, no momento em que tu vira um autor, tu vira uma figura pública e tem que te portar como tal.[7]

Além disso, é de suma importância que você de alguma forma se identifique como autor, o que pode ser feito no espaço que as redes reservam para minibio, e que informe aos visitantes onde podem encontrar mais informações sobre o seu trabalho. Em sua lista do que é essencial a todo autor, VanderMeer coloca como primeiro ponto a criação de um site ou blog "para centralizar as principais informações e atualizações sobre seu livro"[8]. Dessa maneira, você não precisará rodar a internet inteira atualizando os dados sempre que houver uma novidade: basta direcionar os interessados para o site, onde encontrarão as notícias mais atuais.

Outro ponto importante é a criação de conteúdo. Para que um autor alimente sua presença digital, "é melhor escrever ou dizer ou criar algo do que apenas repassar mensagens alheias"[9]. Para isso, estão disponíveis diversas plataformas: Facebook, Twitter, Instagram, YouTube, Twitch, TikTok, blog, podcast e muitas outras que existam ou venham a existir no futuro. Como é praticamente impossível lidar com todas, recomenda-se que o autor escolha uma delas, de acordo com seu gosto pessoal e levando em consideração em qual delas está o público-alvo de sua obra. Além disso, é importante definir um tema que tenha relação com sua obra e publicar conteúdo dentro deste tema com uma frequência determinada. "É a presença constante que coloca você visível para seus leitores, que cria um laço de ideias, imagens ou histórias partilhadas."[10],

Construir sua presença digital é um trabalho que requer bastante aprendizado por parte do autor, especialmente para aqueles que não tenham afinidade com tecnologia. Para estes, há uma alternativa: em vez de criar seu próprio blog do zero, você pode se unir à equipe de um blog já existente. Os mais famosos dificilmente aceitam novos membros, mas existem muitos blogs menores que estão sempre em busca de colunistas para os mais diversos assuntos. Dessa maneira, você precisará se preocupar apenas com a escrita, já que a parte de programação e configuração já estará pronta. "Fazer parcerias com pessoas de linhas similares à sua sempre é um bom negócio: você gera audiência para o blog parceiro e usufrui da audiência dele também, alcançando um público novo, que talvez ainda não tenha ouvido falar de você e de seu trabalho."[11]

No início, o autor talvez fique um pouco acanhado ao falar sobre seus temas de interesse, e mais acanhado ainda quando é hora de falar sobre seu próprio trabalho. Porém, é importante encontrar quem são seus potenciais leitores: quem gosta do gênero que você escreve e pode se interessar pelo que você tem a dizer. Assim como você está procurando por eles, eles também podem estar procurando por alguém como você. "É um pouco chato ficar falando que a pessoa tem que se vender, mas temos que encarar a realidade: se tu quer vender teu livro, tu tem que ser um pouco vendedor. E isso passa por vender a tua própria figura."[12]. Contudo, não é recomendado ficar pedindo — implorando — para alguém comprar seu livro ou qualquer outro conteúdo pago que você possa oferecer. "A melhor forma de conseguir leitores é oferecer às pessoas algo que cause uma transformação em suas vidas ou uma experiência literária que apreciem, não amolar para que comprem seu livro. É a arte de vender sem vender."[13]

Além da interação com o público leitor, o uso das redes sociais aproxima o autor de seus colegas de ofício, possibilitando a criação de uma comunidade de pessoas com interesses e objetivos em comum.

Como consequência, vemos tomar forma o que o pesquisador Bruno Anselmi Matangrano, da Universidade de São Paulo, pondera ser o "primeiro movimento literário do século XXI, o fantasismo, caracterizado (entre outros fatores) pelo sentimento de grupo em torno de uma etiqueta"[14]. Em grupos e fóruns online, é possível inclusive ter seu trabalho lido e avaliado por outros autores e retribuir avaliando o trabalho deles, em um processo longo que permite a todos irem aperfeiçoando suas obras[15]

Importante salientar que o resultado de nenhuma dessas ações será imediato. Salvo raras exceções em que um conteúdo estoura na rede, a maioria das personalidades da Internet alcançou o sucesso ao custo de meses, ou até anos, de esforço e persistência. Com o passar do tempo, criar conteúdo e se relacionar com os colegas e seguidores se torna mais fácil, devido à experiência acumulada e ao melhor conhecimento sobre sua audiência[16]. A boa notícia é que não é impossível. Quando me lancei à carreira literária em 2012, eu era uma completa desconhecida. Não possuía qualquer publicação anterior, não dispunha de formação mais extensa do que o diploma da faculdade, não era popular na Internet e sequer possuía *smartphone*. Com o passar dos anos, fui desbravando a rede e descobrindo onde estavam meus leitores. Talvez seja impossível seguir o exato caminho que eu trilhei — até porque cada pessoa experimenta o mundo de forma diferente — mas é possível, para cada autor, construir sua própria estrada.

É importante que haja uma padronização de informações em todos os seus perfis, o que inclui, principalmente, usar o mesmo nome em todas as redes.

Usando redes sociais

De forma breve, esta é a minha opinião sobre a utilidade de cada rede social para um escritor:

Facebook:

Muito útil para quem está prestes a lançar seu primeiro livro, pois aqui estão os membros da família e eles serão seus primeiros leitores. Divulgue seu lançamento na timeline e convide os familiares e amigos próximos por inbox. Mas nem pense em só sair dando Ctrl+V por aí. Fale de forma pessoal com cada um! Além disso, nunca marque os amigos nos seus posts de divulgação e jamais mande divulgação inbox para quem não for seu amigo, pois essas duas atitudes são muito invasivas.

WhatsApp:

Segue a mesma lógica do Facebook, sendo útil para convidar as pessoas próximas para seus eventos e lançamentos.

Instagram:

Excelente local para conhecer blogueiros literários e outros autores. Crie conteúdo no seu perfil dando dicas de leitura, e irá atrair as pessoas certas.

YouTube:

De longe uma das melhores redes para tornar o seu trabalho conhecido, e também uma das mais trabalhosas. Grande parte dos livros de ficção de sucesso foram escritos por criadores de conteúdo que possuem público cativo. Se você tiver um programa no YouTube e seus seguidores gostarem da sua forma de pensar e de se expressar, provavelmente se interessarão pelo seu livro. Contudo, esteja avisado: manter um canal do YouTube sempre atualizado e com vídeos de alta qualidade requer estudo, algum investimento em equipamento e muita, mas muita persistência.

Twitch:

Segue a mesma lógica do YouTube, mas apenas para vídeos ao vivo. Atenção: se você for fazer um canal na Twitch, é importante ter outro no YouTube para ir guardando os vídeos antigos. Dessa forma, você aumenta a vida útil do seu conteúdo.

Podcasts:

Segue a mesma lógica do YouTube, porém dá menos trabalho e tem menos alcance.

Twitter:

Essa rede não é muito útil no início da carreira. É mais útil depois que você já tiver um público consolidado, pois seus leitores adorarão saber sua opinião rápida quanto aos mais diversos assuntos. Vale a pena criar seu perfil e deixá-lo "de molho", apenas acumulando seguidores até ter o suficiente.

Não aconselho um novo autor a investir em posts patrocinados nas redes sociais, pois o investimento raramente dá resultado satisfatório. Vale muito mais a pena usá-las para interagir com os leitores de forma orgânica. O único momento em que o anúncio pago pode dar o resultado esperado é no caso de financiamentos coletivos.

Publicações independentes

Nos últimos anos, multiplicam-se os casos de autores que conquistaram o interesse de editoras de renome após se destacarem no meio independente. Além dos já citados André Vianco e Eduardo Spohr, este também é o caso de Carina Rissi. Após ter sua história de amor com viagem no tempo recusada pelas editoras, a paulista decidiu publicar a obra por conta própria[17]. Assim nasceu *Perdida*, livro que conquistaria o público e abriria caminho para uma série de contratos com a Verus, abrangendo este e outros dez títulos de diversos gêneros literários. Hoje, Carina possui mais de 400 mil exemplares vendidos, além de ter seus livros publicados em Portugal, na Rússia, na Ucrânia e na Itália, e a adaptação de *Perdida* para o cinema já está em produção.[18]

Outro exemplo é a paraense Roberta Spindler, que lançou seu primeiro livro, a alta fantasia *Contos de Meigan*, de forma independente[19] e posteriormente assinou contrato com a Giz Editorial para

Muitos acabam adentrando o mercado independente com a esperança de conseguir sair dele.

lançamento da distopia *A Torre Acima do Véu* e com a Suma para a fantasia contemporânea *Heróis de Novigrath*[20]. Caso semelhante ocorreu com o sergipano Thiago Lee, *podcaster* e autor de três livros independentes. Em 2021, foi anunciada a republicação de sua obra mais recente, com o novo título *O Mistério do Carneiro de Ouro*, pela editora Rocco.[21]

O problema dos novos autores é que esbarram no fato de que editoras comerciais muito raramente aceitam publicar um escritor com pouca experiência e pouco público. Porém, havendo por parte do autor o fôlego e a disposição necessários para publicar seus primeiros trabalhos por conta própria, é possível contornar este problema e começar a progredir no mercado antes mesmo de receber o suporte de uma editora. Fato é que, a despeito de mérito literário ou fama, todo autor precisa começar por algum lugar, e muitos concluem que, diante das poucas opções, o mais promissor é lidar com o processo editorial e fazer a divulgação e a venda por conta própria. Como já diria Thais Lopes, "No mercado atual, a autopublicação é o melhor caminho para os novos autores, por vários motivos. O principal deles é a questão de público: se você quer um contrato tradicional, tem que provar que seu livro vende"[22]. Dessa maneira, muitos acabam adentrando o mercado independente com a esperança de conseguir sair dele.

Foi o que eu fiz em 2012. Contratei revisor, capista, diagramador e gráfica. Gastei um bom dinheiro ao mandar imprimir 1.000 exemplares. Vi caixas e mais caixas de livros serem entregues na minha casa e precisei me virar para fazê-las desaparecerem. Na época, a Amazon ainda não havia chegado ao Brasil. Isso veio a acontecer oito meses depois, quando a gigante americana passou a permitir que escritores brasileiros publicassem seus livros em formato digital na Loja Kindle Brasil, usando o sistema KDP — *Kindle Direct Publishing*[23]. Isso tornou a publicação independente mais fácil e barata, visto que não era mais necessário realizar a impressão dos exemplares. Atualmente, "é possível publicar um livro de forma gratuita, para testar o mercado e iniciar a formação de uma base de fãs"[24] — desde que, é claro, o próprio autor seja capaz de criar sua capa e configurar seu *e-book*. Caso contrário, terá ainda alguns gastos com certos profissionais, mas nada que realmente se aproxime do valor de custos gráficos.

Quando decidem pela autopublicação, muitos autores não possuem o conhecimento necessário para lidar com todas as etapas do processo editorial — incluindo arte, revisão, diagramação, escolha de especificações gráficas, logística, etc. O que ocorre com muita frequência é que o autor aprende à medida que faz, em um sistema de tentativa e erro. Cientes disso, alguns se inscrevem em cursos de produção editorial para terem ao menos as noções básicas, enquanto outros pedem ajuda nas redes sociais ou assistem a vídeos instrucionais no YouTube. Algum nível de estudo é fundamental se o autor desejar ter controle sobre a transformação do manuscrito em livro publicado.

Por outro lado, há autores que não têm disponibilidade de tempo ou até mesmo interesse em aprender sobre produção — especialmente os que vêm de áreas de atuação distantes da editorial, como médicos, engenheiros, etc. Nesse caso, é possível despender de um gasto extra para contratar uma editora prestadora de serviços: aquelas que cobram do autor para entregar certa tiragem de livros prontos para comercialização. Esta é uma via possível, mas há que se considerar dois fatores importantes. O primeiro, é que "essas empresas não são seletivas — elas publicam o manuscrito de qualquer pessoa. O trabalho deles é apenas imprimir seu trabalho. Se for seguir esse caminho, é útil contratar um bom editor freelancer para garantir o controle de qualidade [do texto]"[25]. Além disso, a renda de tais editoras é inteira proveniente do pagamento efetuado pelo autor. Como consequência, não dependem que os exemplares sejam comprados pelos leitores e não se darão o trabalho de desperdiçar qualquer valor em marketing[26]. Ou seja, não importa quantos profissionais um autor independente contrate para transformar seu manuscrito em livro publicado, continuará recaindo sobre si o encargo de divulgar o livro junto aos leitores e efetuar vendas.

Etapas da publicação de um livro

De maneira geral, as etapas para publicação de um livro de fantasia nacional são as seguintes:

1. Escrita:

O escritor tem a ideia original, na maioria dos casos planeja a estrutura da história, então escreve cada um dos capítulos e termina realizando uma ou mais revisões.

2. Preparação:

O preparador analisa o texto e instrui o autor quanto a ajustes que se façam necessários. Não é incomum que seja necessário remover, adicionar ou reescrever trechos.

3. Revisão:

O revisor esquadrinha o texto em busca de erros de português, de digitação, de padronização, etc.

4. Ilustrações:

No caso de livros com ilustrações, estas são feitas ao mesmo tempo do trabalho com o texto. O ilustrador recebe um briefing explicando quais imagens são necessárias e realiza a criação artística. Alguns profissionais trabalham com arte tradicional (aquarela, nanquim, tinta a óleo, etc), enquanto outros fazem arte digital (em softwares como Adobe Photoshop e similares).

5. Diagramação:

Uma vez tendo o texto e as ilustrações prontas, o diagramador é quem dispõe todos esses materiais de forma esteticamente agradável em um programa de design gráfico (geralmente, o Adobe Indesign), para poder enviar o arquivo para a gráfica. Livros editados de forma profissional não são impressos a partir do Word.

6. Documentação:

A editora faz o pedido de ISBN para o órgão responsável e encomenda a ficha catalográfica com um profissional de biblioteconomia. Esse pedido é feito após a diagramação, pois é preciso saber o número exato de páginas do livro. Porém, tanto o ISBN quanto a ficha catalográfica precisam ser inseridas no livro pelo diagramador, o que faz com que o processo acabe retrocedendo um passo.

7. Capa:

Enquanto todos esses profissionais trabalham no miolo do livro, um designer desenvolve a arte de capa junto ao editor, que é quem costuma fazer o briefing e redigir os textos de orelha e da quarta capa. Uma das últimas etapas da produção editorial é conferir com a gráfica quantos milímetros terá a lombada e ajustar a arte de capa de acordo.

8. Impressão:

A maioria das editoras não possui parque gráfico, ou seja, os arquivos são enviados para outra empresa a fim de realizar a impressão e montagem dos livros.

9. Logística:

O responsável pela logística é quem define como os livros serão transportados da gráfica até o depósito da editora, como ficarão estocados e como serão enviados para os compradores e/ou distribuidores.

10. Distribuição:

Distribuir os livros para que sejam vendidos em livrarias e outros pontos comerciais é uma das etapas mais complexas do processo, e é por isso que muitas publicações não desfrutam de distribuição. É necessário que um profissional de vendas entre em contato com as livrarias uma a uma e apresente os lançamentos da editora. A maioria das livrarias não irá comprar: elas pegarão o produto em consignação para expor em suas lojas, e só pagarão por ele depois que conseguirem vender para um leitor. Mesmo sem ter que pagar pelo livro de imediato, as livrarias não aceitam receber todos os livros que lhes são apresentados, pois o espaço físico é limitado.

11. Venda:

A maioria das editoras realiza vendas diretas para os leitores em seu site ou em eventos literários, o que requer toda a estrutura para tal, além de um bom esforço de divulgação.

Ao realizar uma publicação independente, é comum que o autor arque com os custos usando capital próprio. Há, no entanto, outras formas de levantar recursos. Uma delas é por meio de editais de fomento à cultura, promulgados de tempos em tempos por secretarias estaduais e municipais. Estes editais visam difundir as artes junto à população local, e seus termos, incluindo os tipos de atividade cultural que podem ser contemplados, variam de acordo com a região, o escopo e a verba disponível. *O Homem Vazio*, de Thiago Lee, foi lançado desta maneira, tendo sido contemplado no 1º Edital de Publicação de Livros na Cidade de São Paulo[27]. Uma vez em posse do prêmio no valor de R$ 15.000,00[28], o próprio autor desempenhou o papel de diretor editorial em seu livro, sendo responsável por coordenar a equipe de seis pessoas, incluindo artistas, profissionais do texto e consultores[29], além de lidar com empresas prestadoras de serviços, como catalogação e impressão, com a burocracia inerente à prestação de contas e pagamento de tributos e com a própria venda de seu livro, através da Amazon e de seu site pessoal[30].

Outra forma de captação de recursos que tem se tornado popular no Brasil diz respeito aos financiamentos coletivos, que pode ser realizada por meio de plataformas como Catarse, Kickante, Apoia-se e Benfeitoria.

> Crowdfunding ou Financiamento Coletivo acontece quando uma pessoa precisa de recursos para desenvolver uma ideia e várias pessoas diferentes se unem para contribuir financeiramente para esse trabalho. Essa união hoje é feita através de plataformas digitais especializadas, chamadas Plataformas de Financiamento Coletivo ou Plataformas de Crowdfunding, que são responsáveis pela intermediação das pessoas que precisam de ajuda com aquelas que estão dispostas a apoiar.[31]

Há grandes vantagens em financiamentos coletivos, tanto para o autor quanto para os leitores. Para o autor, o principal benefício está em receber o dinheiro antes de precisar gastar com a edição, evitando, assim, descapitalizar-se. Quanto ao leitor, recebe a possibilidade de consumir um material que em outras circunstâncias talvez não viesse a público, com a segurança de receber de volta seu dinheiro caso a meta de arrecadação necessária para realizar o projeto não seja alcançada. "As campanhas se tornaram uma maneira de encurtar a distância entre quem produzia o conteúdo e quem o consumia."[32]

Porém, obter sucesso em uma empreitada como essa não é tarefa fácil, pois requer que o autor já possua algum público formado previamente. O autor Andrei Fernandes foi um dos primeiros casos de sucesso no Catarse no que se refere a literatura, com o romance *Kalciferum: Demônios, Bruxas e Vagantes*, tendo conseguido arrecadar R$ 23.131,00 o equivalente a 220% da meta original, em 2015. Como importante causa de seu sucesso, ele reconhece o trabalho de formação de público que vinha realizando há três anos por meio de produção de conteúdo no site *Mundo Freak*, assim como o trabalho de sua colega de site, Ira Morato, responsável pelas ações de marketing da campanha[33], e dá um conselho aos interessados na modalidade:

> Geralmente, essas pessoas [bem-sucedidas em suas campanhas de financiamento coletivo], elas já têm algum público, e é isso que as pessoas [em geral] às vezes não entendem quando vão abrir uma campanha. Claro que existem as zebras, existem as grandes exceções, mas é muito interessante o produtor de conteúdo já montar e preparar um público específico. Você não precisa ter um blog, você não precisa ser um videocaster, um youtuber, podcaster, não necessariamente. Você pode ser um cara mega ativo em comunidades de livros, em grupos de livros, ser o cara das resenhas no Skoob.[34]

Há escritores que se adaptam tão bem ao sistema de financiamento coletivo, que acabam por lançar as mais diversas publicações por meio dessa modalidade, apesar da demonstração de interesse de algumas editoras. Para os que desejam uma publicação tradicional, possuir uma campanha anterior de sucesso serve para mostrar, na prática, que o público está interessado no trabalho realizado pelo autor. "O resultado da sua campanha terminará como um *case* de apresentação em outras publicações. Bater a [meta da] sua campanha significa repercutir, e seus resultados reverberam tanto na vida, quanto no mercado."[35]

Além da publicação independente, há também a possibilidade de o autor demonstrar sua qualidade literária e iniciar a formação de público por meio da publicação de contos em revistas literárias. King começou dessa maneira, publicando em revistas masculinas, como *Cavalier*, *Gent* e *Juggs*, que pagavam entre 30 e 200 dólares por texto (2015, p. 193). No Brasil, vivemos uma boa safra de revistas digitais especificamente voltadas para literatura, além de outras que abordam temas diversos, mas que também publicam contos. Algumas possuem milhares de leitores, o que permite que remunerem seus autores pelo conteúdo publicado. Outras não oferecem remuneração, mas continuam sendo uma ótima forma de mostrar sua arte para o mundo, além de criar uma rede de contatos envolvendo editores e escritores. Entre as mais conceituadas no gênero fantástico, destacam-se as revistas *Mafagafo*, *Escascambanáutica*, *Ignoto*, *Avessa*, *Literomancia*, *Skriptzine*, *A Taverna*, *Suprassuma* e *Dragão Brasil*.

Seja através da publicação de e-books independentes, seja por livros impressos ou por contos em revistas digitais — que não são autopublicação, mas se prestam à mesma função — o autor que se apresenta à editora trazendo uma bagagem de publicações anteriores demonstra que não é tão novato assim. Já possui certa experiência literária, e talvez até algum público. Se, para ser incluído no catálogo de uma editora, o livro precisa ter potencial de vendas e qualidade literária[36], então essas publicações somam uma força tremenda para demonstrar que o autor tem o que precisa.

Dicas para financiamentos coletivos

As formas de realizar um financiamento coletivo variam imensamente de acordo com o escopo do projeto, indo desde pequenos projetos digitais de algumas centenas de reais, até grandes produções de milhões. Não cabe aqui abordar todas as possibilidades, mas acho útil deixar algumas dicas para quem deseja publicar seu primeiro livro dessa forma.

1. **Tenha o livro já escrito, revisado e com capa.** Isso irá requerer certo investimento inicial, mas é indispensável. Até hoje não vi um livro de autor iniciante ser financiado sem estar concluído ou sem ter a capa para divulgação.

2. **Seu objetivo é imprimir o livro com a maior tiragem possível.** Isso porque, quando aumenta a tiragem, você consegue uma negociação melhor com a gráfica para diminuir o custo unitário, o que permite vender cada livro mais barato. Porém, tome cuidado para não ficar fantasiando com tiragens gigantescas. A não ser que você seja uma pessoa famosa, seu objetivo deve girar em torno de 100 exemplares — uma meta que já será difícil de alcançar.

3. **Faça as contas.** Jamais crie uma campanha usando números da sua cabeça. O certo é entrar em contato com as gráficas e pedir orçamentos para impressão do livro. Assim, você trabalhará com números reais. Lembre-se também de orçar o transporte, que é uma das coisas

mais caras na cadeia do livro, e de incluir a comissão da plataforma de financiamento coletivo.

4. **Seja claro na página da campanha.** Já vi muitas páginas onde não dá para entender como é o livro a ser viabilizado. Conclusão: ninguém apoia. Ao criar a sua página, é importante ter, no mínimo: um parágrafo introdutório resumindo o projeto, a sinopse do livro, a minibio do autor e a descrição de como o dinheiro será gasto. Adicionar algumas opiniões de leitores-beta também não fará mal.

5. **Grave um vídeo.** Você precisa ter um vídeo na página da campanha. É essencial! Não precisa ser uma megaprodução. Se não tiver muitos recursos para tal, basta gravar você mesmo explicando a sua proposta. Mas atenção: quando for gravar, não fique olhando para sua própria imagem na tela do celular, pois o resultado é bem ruim. O certo é olhar para a câmera. Aliás, recomendo não usar a câmera frontal, porque aumentam as chances desse erro acontecer. Também não segure o celular na mão: use um tripé ou algo semelhante. Procure um local iluminado e silencioso para fazer a filmagem, e fale alto e claro. Por fim, pense bem no que pretende falar antes mesmo de ligar a câmera, que é para ir direto ao ponto e evitar aquele "ãããnnn" de quem está pensando entre uma palavra e outra. Você precisa transmitir a sensação de que sabe o que está fazendo.

6. **Avise seus amigos e familiares com antecedência.** Essa parte é crucial. O primeiro final de semana é que define se um financiamento coletivo será bem-sucedido ou

não. Por isso, se esforce para avisar o máximo de pessoas antes da campanha começar. Assim, elas poderão apoiar logo no início e aumentarão suas chances de sucesso.

7. Leia o livro Crowd: o guia do financiamento coletivo para autores e editores de livros. Ele foi desenvolvido a partir dos erros e acertos de realizadores experientes e contém informações valiosíssimas para quem está começando.

Eventos Presenciais

Com a popularização da Internet, hoje é possível participar de cursos, oficinas, palestras e bate-papos por transmissão de vídeo ao vivo. É possível conversar com leitores pelas redes sociais e trocar experiências com outros autores. Originais para serem avaliados pelas editoras podem ir por e-mail. Vendas de livros podem ocorrer em plataformas de *e-commerce*. Contudo, por mais que a tecnologia tenha agilizado a comunicação e as relações comerciais, ainda não existe uma ferramenta capaz de substituir com perfeição a interação humana ao vivo. Afinal, humanos são seres físicos e sociais.

> Nunca subestime o valor de passar algum tempo face a face com leitores e influenciadores reunidos em um único lugar com o propósito de celebrar certo tipo de escrita. Quer você escreva fantasia ou realismo, ficção científica ou mistério, poesia ou mangá, encontrará uma conferência ou convenção que valha a pena participar. À medida que você se tornar mais conhecido, também passará a receber convites para tais eventos e talvez até propostas para ser palestrante convidado, o que facilitará a divulgação dos seus projetos.[37]

No Brasil, os maiores eventos literários são a Bienal do Livro Rio e a Bienal do Livro de São Paulo. Ambas acontecem em pavilhões gigantescos nas respectivas capitais, em anos alternados, com duração de 10 dias. A Bienal de São Paulo, que ocorre em anos pares, teve sua última edição presencial em 2018, ocasião em que recebeu 663 mil visitantes[38]. Já a Bienal do Rio, que ocorre em anos ímpares, teve sua última edição presencial em 2019, recebeu mais de 600 mil visitantes e bateu o recorde de livros vendidos: mais de 4 milhões de exemplares[39]. Receber convite da organização de um desses eventos para dar uma palestra ou participar de uma mesa redonda sem dúvida é um enorme privilégio. Porém, tais convites não estão disponíveis para escritores em início de carreira. Há um caminho a se percorrer antes disso, o que inclui participar de eventos menores, ou até das próprias bienais, mas fora do palco.

O primeiro evento do qual participei como autora convidada foi uma convenção de anime em Campo Grande/MS, onde eu residia. Não era exatamente um evento de literatura, mas era o que existia na cidade. E também não fui exatamente convidada: eu que me ofereci para dar uma palestra. Sem nada a perder, o organizador me permitiu utilizar a biblioteca da escola onde o evento ocorreria e colocou meu nome na programação oficial. Algo em torno de dez pessoas assistiram. Vendi um único livro na ocasião. Porém, o principal benefício veio depois: quando publiquei as fotos nas redes sociais, alguns professores do ensino fundamental e médio ficaram sabendo que eu dava palestras de incentivo à leitura e passaram a me convidar para pequenas feiras do livro organizadas por escolas da região. Ao contrário das bienais, onde é preciso concorrer com grandes nomes internacionais pela atenção dos leitores, nas pequenas feiras locais o escritor iniciante é que ocupa posição de presença ilustre. É possível vender muito em eventos menores, além de criar um vínculo mais próximo com o leitor. Além disso, para se ter um estande em bienal é necessário despender vários milhares de reais, um valor do qual a maioria dos escritores iniciantes não dispõem, enquanto que feiras locais muitas vezes oferecem espaço aos autores gratuitamente.

Ao contrário das bienais, onde é preciso concorrer com grandes nomes internacionais pela atenção dos leitores, nas pequenas feiras locais o escritor iniciante é que ocupa posição de presença ilustre.

Caldela viveu experiência semelhante, dando palestras em eventos de anime e de quadrinhos, onde o espaço para literatura era reduzido e de pouco prestígio, geralmente recebendo menos de vinte pessoas. Em certa ocasião, havia um único leitor esperando para encontrá-lo no local[40]. Apesar disso, ele vê a experiência como positiva, pois:

> Esse contato com o público cria um núcleo de leitores que vão ser fiéis, e isso é vital para o escritor. A gente quer atingir o público grande? Quer. Mas o núcleo de leitores fiéis, esse tem que estar lá e tem que estar se sentindo recompensado. Porque eles é que criam a nossa carreira. Sem esse núcleo não existe carreira.[41]

Hoje, tanto ele quanto eu recebemos convites não apenas para a programação oficial de bienais, como também de diversos outros eventos de prestígio, como a CCXP — que, embora não seja evento literário, possui público intimamente ligado à literatura fantástica e, em sua última edição presencial, em 2019, recebeu 280 mil visitantes[42]. Na ocasião, a Jambô Editora promoveu o lançamento de *A Flecha de Fogo*, de Caldela, e os 500 exemplares disponíveis no estande esgotaram durante a convenção, que dura apenas 4 dias.

Além de dar palestras em eventos pequenos, outra possibilidade para autores iniciantes é aproveitar os eventos maiores como oportunidade para criar relações com outros autores, além de editores e blogueiros literários, pois "muitas das melhores oportunidades de *networking* nesses eventos acontecerão fora (ou apesar da) programação oficial."[43] Sem contar que o mero fato de estar presente e ver a feira com seus próprios olhos permitirá ter uma melhor noção de como esse tipo de evento funciona e quais benefícios é possível extrair deles. Para quem é novato, VanderMeer recomenda conversar antes com algum autor um pouco mais experiente e combinar de irem juntos, que é para não ficar andando sozinho. "Da mesma forma, se há alguém com quem você gostaria de conversar, mande um e-mail antes demonstrando esse interesse."[44]

VanderMeer também recomenda que novos autores organizem seus próprios eventos. Uma de suas sugestões envolve convidar autores locais para eventos coletivos[45], o que não é incomum no Brasil, eu mesma cheguei a fazer ao longo de minha trajetória como autora independente. Houve ocasiões como na Semana do Livro Nacional, em que realizei um evento em minha própria cidade e pude me integrar melhor ao público local e receber cobertura da mídia, sendo capa do caderno de cultura do principal jornal do estado[46]. Houve, também, ocasiões em que viajei para outras cidades, como no caso do Mochila Literária, o que permitiu me apresentar para autores, leitores e blogueiros de Brasília, alguns com os quais pude estabelecer amizades duradouras. Inclusive, anos mais tarde, quando houve o lançamento do meu primeiro livro pela Jambô Editora, os primeiros na fila de autógrafos na Bienal do Rio foram Luciano Velasco e Helkem Araújo, dois blogueiros literários brasilienses que faziam parte da equipe de organizadores do Mochila Literária[47].

Além de contribuírem com a divulgação dos livros, blogueiros literários e colegas escritores servem de suporte emocional ao longo da carreira, ainda mais em se tratando de um ofício reconhecidamente solitário. "Iniciar uma carreira literária requer extrema paciência; conhecer outras pessoas pode ajudar a manter o entusiasmo e a esperança, e adquirir algum conhecimento no processo"[48]. E, como seres físicos e sociais que somos, o contato presencial permite construir relações mais sólidas.

Registro de Direitos Autorais

De acordo com a nossa legislação, os direitos autorais nascem junto com a obra. Ou seja, se você escreveu um romance em seu tempo livre, então possui os direitos autorais sobre ele. Porém, é importante que tenha como provar sua autoria. Para isso serve o registro no Escritório de Direitos Autorais da Fundação Biblioteca Nacional, que pode ser feito presencialmente ou pelos Correios. A BN é uma instituição com mais de 200 anos de história e que possui fé-pública. Ela guardará uma cópia do seu livro em um acervo confidencial e emitirá um documento comprovando que você é o autor.

Vale lembrar que não é possível registrar uma ideia. A lei do direito autoral protege apenas obras. Recomendo a leitura na íntegra da Lei nº 9.610[48], que trata dos direitos autorais, pois é importante que todo autor saiba até onde vão os seus direitos.

Por fim, não confunda registro de direitos autorais na BN com registro de ISBN. São coisas completamente diferentes. O registro na BN (Biblioteca Nacional) serve para comprovar autoria. Já o ISBN (International Standard Book Number) serve para cadastrar os dados da edição (como título, número de páginas, ano de publicação, etc) em um catálogo internacional. Isso permite gerar um código de barras que tornará possível vender o livro em livrarias, e apenas isso. Os dois são documentos relacionados ao livro, mas com utilidades diferentes.

NOTAS

1 FINCO, 2016
2 SVALDI, in SOARELE, 2018, min 20:43, sic
3 GUERRA; BACELLAR, pp. 133-134
4 GUERRA; BACELLAR, pp. 29-30
5 LOBÃO, 2017, loc. 3420
6 SVALDI, in SOARELE, 2018, min 20:00, sic
7 SVALDI, in SOARELE, 2018, min 49:27, sic
8 VANDERMEER, 2009, p. 129, tradução nossa
9 GUERRA; BACELLAR, 2018, p. 79
10 GUERRA; BACELLAR, 2018, pp. 75-76
11 GUERRA; BACELLAR, 2018, pp. 94-95
12 SVALDI, in SOARELE, 2018, min 21:58, sic
13 GUERRA; BACELLAR, 2018, p. 95
14 SOUZA, 2017, loc. 96
15 SOUZA, 2017, loc. 308
16 GUERRA; BACELLAR, 2018, p. 98
17 COSTA, 2016.
18 RISSI, s.d
19 CARDOZO, 2018
20 SPINDLER, s.d
21 LEE, 2021
22 SOUZA, 2017, loc. 1590
23 CARDOSO, 2012
24 AVILA; VLAD, 2020
25 LEMAITRE, in GOTHAM, 2003, p. 260, tradução nossa
26 RAMET, 2007, p. 151, tradução nossa
27 INFONET, 2019
28 SMC, 2017
29 LEE, 2018.
30 LEE, s.d
31 BATTISTELLI, 2020
32 ÁVILA; VLAD, 2020, p. 12
33 FERNANDES, in OLIVEIRA, 2017
34 FERNANDES, in OLIVEIRA, 2017, min 27:28
35 OLIVEIRA, 2017, min 29:23
36 LOBÃO, 2017, loc. 3415
37 VANDERMEER, 2009, p. 93, tradução nossa
38 CBL, 2018
39 G1 RIO, 2019
40 CALDELA, in SOARELE, 2021
41 CALDELA, in SOARELE, 2021, min 42:02
42 VITORIO, 2019
43 VANDERMEER, 2009, p. 94, tradução nossa
44 VANDERMEER, 2009, p.95
45 VANDERMEER, 2009, p.100
46 FREGATTO, 2013
47 VIEIRA, 2014
48 LEMAITRE, in GOTHAM, 2003, p. 240, tradução nossa
48 BRASIL, 1998

5. Postura Profissional

NO CURTO MOMENTO EM QUE UM EDITOR SE DEDICA À LEITURA DE UM MANUSCRITO NÃO SOLICITADO, ele obviamente irá avaliar a obra, mas, acima de tudo, avaliará o autor. Como já foi dito, neste momento o criador é tão ou mais importante do que sua criação[1]. Isso acontece pelo simples fato de que um autor pode — e, se for realmente profissional, ele deve — escrever mais do que uma obra ao longo de sua carreira. Devido ao alto investimento em marketing para lançar um novo autor no mercado, para a editora valerá mais a pena continuar publicando os livros subsequentes em vez de se dar o trabalho de apresentar ao público um autor diferente. A lógica de mercado é: os leitores que gostarem do primeiro livro comprarão o segundo.

Editores são pessoas sobrecarregadas, que trabalham em vários projetos ao mesmo tempo e precisam lidar diariamente com uma infinidade de pessoas, como escritores, ilustradores, designers, diagramadores, revisores, preparadores, tradutores, gráficos, sem contar os próprios membros da equipe interna da editora. Em empresas pequenas, lidam também com transportadoras, livreiros, jornalistas, blogueiros e com os próprios leitores. A lista de figuras de alguma forma envolvidas com cada publicação é interminável. Nesse cenário complexo e frenético, se um dos profissionais externos — incluindo escritores — se mostrar problemático ou difícil de trabalhar, são grandes as chances de ser cortado da equipe, sobretudo se for facilmente substituível. Da mesma maneira, fica mais fácil ingressar no mercado quando o autor demonstra, desde o primeiro contato, que possui postura profissional. "A criatividade é, claro, um ingrediente vital, mas mesmo o escritor mais talentoso falhará em sua tentativa de ser publicado se não for capaz de cumprir certos critérios."[2]

Ramet lista os critérios mais básicos para qualquer escritor profissional, que são também os mais indispensáveis. Em primeiro lugar, é imprescindível que o texto seja entregue em arquivo digital — já estamos no século XXI, então nada de papel escrito à mão! Além disso, deve possuir determinada extensão, que costuma ser calculada de acordo com o número de palavras ou caracteres e varia de acordo com o plano estratégico da editora. Em muitos casos, o editor pedirá para você escrever sobre um tema específico, orientação que deve ser seguida. Independentemente do gênero e formato, o texto precisa ter início, meio e fim, pois a editora não tem utilidade para um trabalho entregue pela metade. Por último, um dos fatores que desclassifica muitos escritores e artistas em geral: se há um prazo, você deve cumpri-lo[3].

Entre os motivos para ter conseguido seu primeiro contrato, Leonel Caldela destaca a postura profissional, especialmente a capacidade de cumprir prazos: "O autor [precisa] ver a escrita como profissão, não como algo que dependa de inspiração ou algo transcendental, mas realmente com profissionalismo, encarando aquilo com a seriedade com que todo um processo desses precisa."[4]

Além das características acima, é preciso manifestar postura profissional ao se expor em público. "É importante que você, como autor, entenda que sua aparência, sua impostação de voz, seus gestos e sua forma de vestir fazem diferença, sim. Inclusive, podem tanto conquistar quanto afastar leitores"[5]. Do mesmo modo, Svaldi aconselha os escritores a tomarem cuidado com as declarações que fazem, tendo sempre a consciência de que alguém poderá estar prestando atenção aos deslizes. "Se tu quer ser um escritor, então eu presumo que tu queira ser lido por mais gente. [...] Se tu quer isso, então tu tem que te preparar para ser uma figura pública."[6]

Antes de seguirmos com abordagens mais específicas, vale ressaltar o que não é requisito para ser escritor profissional: você não precisa abandonar o emprego e se dedicar exclusivamente à escrita. Em verdade, "a maioria dos escritores de ficção, mesmo aqueles com publicações impressionantes, complementam sua

> Editores são pessoas sobrecarregadas, que trabalham em vários projetos ao mesmo tempo e precisam lidar diariamente com uma infinidade de pessoas.

renda por outros meios e conciliam seus empregos diários com sua vida de escritor"[7]. Raphael Montes é colunista na revista *Veja*[8]; Ana Lúcia Merege, curadora de manuscritos na Fundação Biblioteca Nacional[9]; Fábio M. Barreto, redator de discursos no Ministério da Saúde[10]; Eric Novello[11] e Felipe Castilho[12] escrevem roteiros para jogos em uma empresa estrangeira chamada Garena, enquanto Enéias Tavares[13] e Nikelen Witter[14] atuam como professores universitários na UFSM. Ao mesmo tempo, multiplicam-se os escritores que desenvolveram seus próprios cursos de escrita, como é o caso de André Vianco[15], FML Pepper [16] e os já citados Fábio M. Barreto[17] e Raphael Montes[18]. Eu mesma nunca me afastei do trabalho em comunicação e marketing, o que é bom, visto que isso me permitiu ser uma das responsáveis pelas grandes campanhas de financiamento coletivo *Tormenta20* e *Nerdcast RPG: Coleção Cthulhu*. Da mesma forma, outros autores também se beneficiam de seus trabalhos. Saindo um pouco do gênero da ficção, um dos autores de maior prestígio do país é o Doutor Drauzio Varella, que exerce a medicina no Hospital Sírio-Libanês[19] e outro que está sempre na lista de *best-sellers* é Padre Marcelo Rossi, que segue em seu ministério sacerdotal[20] — inclusive, se esses dois abandonassem a outra ocupação, é possível que suas carreiras literárias se desintegrassem.

Alguns escritores chegam ao ponto de se dedicarem exclusivamente a seus romances, mas eles são exceção, não a regra. Muitos se dedicam a atividades relacionadas ao trabalho com o texto e outros possuem atividades em áreas diversas, nem por isso são menos profissionais do que os que possuem dedicação exclusiva. Quando falamos sobre ser autor profissional, a ideia é trabalhar e receber por seu trabalho, circular no meio como uma pessoa reconhecidamente competente e capaz de dar contribuições de valor e, principalmente, ser considerado por leitores e editores como uma pessoa cuja arte vale a pena apreciar. Para tudo isso, é preciso apresentar postura adequada.

Postura na Internet

Hoje em dia qualquer pessoa que esteja procurando por emprego precisa estar ciente de que, ao se candidatar a uma vaga, seu perfil nas redes sociais muito possivelmente será considerado na avaliação dos recrutadores.

> De acordo com uma pesquisa do Careerbuilder, de 2017, cerca de 70% dos empregadores checa as redes sociais dos candidatos. Dentre as informações que esses profissionais buscam, estão dados que sustentam as qualificações para o trabalho; o que os outros estão publicando sobre o candidato e informações que demonstrem se ele tem uma presença online profissional.[21]

Não é muito diferente ao se buscar por um contrato de edição. O responsável por novos contratos, seja de emprego ou de edição, dará preferência por agregar pessoas que tenham um discurso compatível com o da empresa. Assim, é até um tanto óbvio dizer: aconselha-se a total supressão de qualquer conteúdo discriminatório — seja racista, machista, homofóbico, xenofóbico, etc — e de conteúdo que incite a violência, o crime e o uso de drogas lícitas e ilícitas.

Você *não* precisa abandonar o emprego e se dedicar exclusivamente à escrita.

Quanto a opiniões políticas, existem influenciadores que construíram carreiras inteiras com base nela. Contudo, o editor Guilherme Dei Svaldi alerta para o fato de que "muitas vezes as editoras não querem misturar as coisas porque, normalmente, isso não funciona bem." e recomenda que autores novatos evitem o assunto[22]. Isso porque discussões políticas na Internet possuem a tendência de escalonar para níveis desproporcionais e terminar em agressões verbais e ameaças de violência física — vindas dos dois lados do debate. Além disso, a atual polarização do país, somada às baixas taxas de leitura e compreensão de texto, faz com que muitas pessoas falhem em compreender o sentido de mensagens simples. Particularmente, já emiti opinião sobre certos assuntos e fui rechaçada por todos os lados. Não é algo que eu recomende, pois isso prejudica tanto a imagem pública quanto a saúde mental.

Também é recomendado evitar discussões sobre futebol e religião, pois é muito fácil ofender o outro lado, às vezes mesmo sem ter intenção. Lembre-se de que, do outro lado dos cabos de Internet, quem receberá a mensagem é outro ser humano, com seus sentimentos e suas falhas. Nunca se sabe quando alguém pode estar sofrendo de problemas físicos, mentais ou emocionais. Por isso, e porque todos devemos nos esforçar para sermos melhores, todas as relações devem ser pautadas pelo respeito.

Guerra e Bacellar resumem o assunto com: "Evite tretas". A não ser que a discussão esteja intrinsecamente ligada ao assunto do livro, é melhor não fazer fofocas e não participar de brigas. "Foque em cultivar mensagens que sejam pertinentes para seu público em potencial, o seu alvo é estabelecer um relacionamento com seus leitores. [...] O que não contribuir para sua imagem você não posta."[23]

Uma sugestão que Svaldi dá para quem fizer questão de exprimir opiniões controversas na Internet é criar dois perfis separados: um pessoal, onde poderá falar o que vier à cabeça, mas que deverá ser mantido restrito apenas para amigos e familiares, e um profissional, onde o autor sempre deve pensar antes de publicar, e este pode ser público para desconhecidos.[24]

Quando falamos sobre ser autor profissional, a ideia é trabalhar e receber por seu trabalho, circular no meio como uma pessoa reconhecidamente competente e capaz de dar contribuições de valor e, principalmente, ser considerado por leitores e editores como uma pessoa cuja arte vale a pena apreciar. Para tudo isso, é preciso apresentar postura adequada.

Caso o inesperado aconteça e você se envolva em alguma desavença, fica sempre a recomendação de reconhecer o erro e pedir desculpas. Porém, é importante que esse pedido seja feito no mesmo local onde a injúria foi cometida. Não adianta ofender alguém em público, mas pedir perdão por mensagem privada.

Guerra e Bacellar também recomendam que o autor não "mendigue atenção" e não seja inconveniente:

> Quem reclama que sua obra não é lida, que ninguém a compra na Amazon mesmo custando cinco reais, que ninguém comenta seu texto no Wattpad ou no Medium passa a ideia de uma pessoa chata! Que não tem nada de interessante a dizer, de outro modo suas obras seriam lidas e compradas. [...]
>
> Um modo certeiro de desencorajar leitores em potencial é enviar o link de compra de sua obra assim que você conheça alguém. A pessoa nem sabe quem você é, do que gosta, que apito toca, e você mesmo assim envia a capa de seu livro, pedindo que ela comente ou curta ou vá a seu lançamento. Ninguém compra livros por impulso de desconhecidos.[25]

Quando seu novo livro estiver prestes a ser lançado, é altamente recomendado mandar mensagem privada para amigos e familiares, contando a novidade e convidando para o evento de lançamento. Afinal, são pessoas que já o conhecem e, em maior ou menor grau, têm interesse em saber suas novidades e participar da sua vida. Muitas comprarão o livro apenas para agradá-lo, o que não é de todo ruim para quem está começando e pode ser o primeiro passo para promover a literatura em seus círculos e alcançar um público maior posteriormente. No entanto, vale ressaltar que essa é a única ocasião em que se justifica mandar mensagem privada para alguém a fim de divulgar um livro. Em todas as outras situações, esse tipo de mensagem não passa de propaganda do tipo mais intrusiva que existe. Deve ser evitada a todo custo.

A forma correta de atrair pessoas desconhecidas para seu livro é mostrar-se uma pessoa interessante publicamente: criar conteúdo de valor e oferecer aos seus seguidores algo que seja útil e valioso. Pode ser um novo conhecimento, um entretenimento agradável, reflexões inteligentes ou simplesmente uma boa companhia. Uma vez que se interessem pelo que você publica na Internet, são grandes as chances de desejarem ler um romance de sua autoria.

VanderMeer enumera alguns pontos importantes que ele tem em mente ao moldar seu próprio comportamento, a fim de manter uma boa imagem como autor:

- Mantenha-se profissional
- Não tenha reações exageradas
- Controle a impulsividade
- Seja forte, mas flexível
- Permaneça publicamente positivo
- Seja proativo
- Transmita senso de humor[26]

Mais do que dicas de como se portar na internet, eu diria que são recomendações para a vida: formas de se tornar uma pessoa mais agradável e, dessa forma, fazer a vida das pessoas ao seu redor mais feliz.

Ninguém nasce sabendo ter postura profissional. Como cobrir a boca ao espirrar ou ceder o assento a um idoso, isso é algo que se aprende ao viver em sociedade. Porém, por se tratar de comportamento social, o aprendizado nunca está completo. É preciso continuar se aprimorando sempre, aprendendo a lidar com pessoas diversas e adequando-se a novos tempos. Apenas se mantém educado e agradável quem possui humildade para manter o aprendizado constante, seja na Internet ou fora dela.

Sugestões de conteúdo para redes sociais

Evite preencher suas redes sociais apenas com link de compra do seu livro. Para não cansar o seu público, invista em variedade. Aqui vão algumas ideias de conteúdo que você pode publicar:

◆ Dê dicas de livros.

◆ Peça dicas de livros!

◆ Conte como foi seu dia de escrita.

◆ Revele curiosidades sobre seu processo criativo.

◆ Fale a respeito de um personagem: Como é a personalidade dele? Quais foram suas inspirações?

◆ Publique fotos suas segurando seu livro.

◆ Mostre detalhes do seu livro: a capa, as orelhas, a diagramação interna, etc.

◆ Publique citações curtas do seu livro.

◆ Vista-se como um personagem e tire fotos.

◆ Publique fotos suas dando palestras ou participando de eventos.

◆ Publique fotos agradáveis, nas quais você apareça: no parque, na praia, no pôr-do-sol, em um show, com seu gato, etc.

◆ Compartilhe resenhas do seu livro que tenham sido escritas por outras pessoas.

◆ Recomende conteúdos que você tenha consumido: filmes, séries, jogos, etc. Só tome cuidado para não ficar falando apenas de séries e se esquecer de falar de livros!

◆ Recomende produtos que você tenha comprado: roupas, produtos de beleza, lanches, etc, especialmente aquilo que for produzido por empresas pequenas ou comerciantes locais.

◆ Publique fotos de marcos da sua vida: sua formatura, chegada do seu filho, mudança de cidade, etc. Apenas tome cuidado para não expor demais a sua vida pessoal.

Como enviar material para uma editora

Depois de tanto esforço para escrever uma obra de qualidade e se tornar uma figura respeitada, é chegado o momento de entrar em contato com a editora. Agora, o objetivo é fazer com que o empenho prévio tenha valido a pena: mostrar para o possível contratante o que você tem de melhor para oferecer.

Antes de mais nada, ao enviar material para uma editora, é imprescindível que o livro esteja pronto. Não adianta enviar uma ideia ou um rascunho: ninguém vai escrever o livro por você. Escritor é aquele que escreve, não há atalhos. "Isso não significa que ele não vai ser muito mexido até realmente ser publicado, mas o texto tem que estar pronto"[27]. A menos que você já seja de fato famoso, enviar uma ideia para a editora apenas servirá para transparecer amadorismo.

Quanto à necessidade de chegar à empresa já um profissional formado, com trabalho sólido, Svaldi compara a carreira de escritor com a de médico ou futebolista:

> Tu não chega no hospital e diz 'Ah, eu quero ser médico, me ensinem'. Não! Tu já chega lá com o diploma de medicina. Eu posso dar vários outros exemplos. Eu não vou chegar num clube de futebol [...] e 'Ah, eu quero jogar futebol, me ensinem'. Não! Tu vai primeiro pra escolinha, depois tu vai pra peneira, e depois tu chega no clube. Tu não chega no clube para aprender. Tu já chega lá praticamente pronto. Então, tu tem que tentar chegar o mais pronto possível na editora.[28]

Lemaitre aponta também para a necessidade de controle de qualidade:

> Editores e agentes são pessoas ocupadas, com pouco tempo para se comprometer com o desenvolvimento [da escrita do autor], então não espere que eles percebam o mérito oculto em seu trabalho. É você quem deve garantir que seu produto seja excepcionalmente bom.[29]

Se quer que o editor acredite
em sua capacidade de escrever,
é bom demonstrá-la desde o
primeiro contato.

Isso significa, acima de tudo, ter o livro completo para enviar ao editor. Mas, além disso, também é necessário revisar sua própria obra, dar para outras pessoas lerem, coletar opiniões, analisá-las, descartar as ruins e implementar as boas. Depois de tudo, revisar mais um pouco. Não raro, vemos na Internet brasileiros que pensam escrever muito bem, mas cometem erros gramaticais básicos, isso quando não falta ao texto coerência e coesão. Verdade seja dita, ninguém está completamente isento de desconhecer suas próprias falhas, nem mesmo um escritor profissional. Por isso, é necessário humildade para revisar e ouvir os outros na hora de aprimorar a própria escrita. Mesmo que você pense que seu texto é irretocável, nenhum o é. Certifique-se de enviar ao editor a melhor versão possível.

Onde encontrar editoras

Se você pretende ser escritor profissional, espera-se que comece sendo um leitor assíduo e, consequentemente, já conheça várias editoras que publicam o seu gênero literário. Se não tem nem ideia de por onde começar, então o primeiro passo é ler muito e passar a prestar atenção nas editoras.

Dito isso, existe um material na internet que pode ajudar na busca por uma editora. É o GAP - Guia Aberto de Publicação, uma iniciativa do autor Duda Vila Nova, que hoje é atualizado por diversos autores e está disponível de forma gratuita.

Você encontra o GAP em www.papodeautor.com.br/gap

Uma vez que se tenha um livro pronto e revisado, é hora de ler a política de recebimento de originais da editora. Algumas recebem originais apenas em determinado período do ano, outras recebem em fluxo contínuo. Algumas demandam receber pelo correio, enquanto outras preferem por e-mail. Algumas querem ver logo o livro completo, enquanto outras pedem apenas os primeiros capítulos ou apenas um resumo. As exigências variam de empresa para empresa, e faz parte da postura profissional de um autor enviar o manuscrito de acordo com as orientações, que muitas vezes podem ser encontradas no site da editora.

> A maior parte dos editores, se ele bater o olho e ele nota que tu não seguiu as instruções, ele simplesmente descarta sem nem dar uma lida. Por quê? Por causa daquilo que a gente estava falando antes, a questão do profissionalismo. Se tu não consegue seguir instruções simples de como preparar um original, tu não vai conseguir seguir as instruções mais complexas de quando o editor falar o que tu tem que ajustar na obra, o que tu tem que mudar para deixar ela mais atrativa para determinado público. Então ele não vai nem perder o tempo dele."[30]

Caso as instruções de envio não sejam informadas no site da editora, você pode telefonar perguntando. Se as instruções estiverem presentes, mas forem incompletas, basta usar o bom senso. Não faça perguntas banais, como qual fonte usar no arquivo ou se pode imprimir frente e verso. Se a editora não definir a formatação desejada, use uma fonte simples, como Arial ou Times New Roman, tamanho 12 e com 1,5 de espaçamento entre linhas, impresso só na frente do papel. Outras boas práticas são: formate seus parágrafos para terem recuo automático na primeira linha, sem necessidade de usar a tecla Tab e use travessão para demarcar falas. Não confunda o travessão (—) com hífen (-) ou meia-risca (–). Se estiver em dúvida, existem milhares de guias e tutoriais gratuitos disponíveis na Internet. Hoje em dia, saber usar a ferramenta de texto é requerimento básico para quem deseja ingressar na carreira de escritor. "Um novato jamais vai receber qualquer atenção a menos que pareça profissional."[31]

O que não fazer: jamais envie um e-mail escrito "Segue livro anexo" e só. Se quer que o editor se dê o trabalho de fazer download do arquivo, o mínimo que o autor precisa fazer é dar um bom motivo para tanto, e isso se faz no corpo do e-mail ou em uma carta anexa ao original impresso. Para Renata Nakano, ex-editora executiva da Alaúde e sócia diretora do Clube Quindim, há dois critérios para que o livro não seja descartado tão logo chegue à editora. O primeiro deles: "É importante que o original venha acompanhado de uma carta de apresentação e biografia do autor"[32]. Esta carta de apresentação é exatamente o que o nome diz: sua oportunidade de se apresentar ao editor. Tenha em mente que o Brasil é um país gigantesco. Por mais que você tenha alcançado certo sucesso no circuito independente, são grandes as chances de o editor não fazer a menor ideia de quem você é. Não há nada de errado nisso, basta se apresentar.

Algumas informações que podem ser relevantes para o editor incluem: cidade do autor, formação, profissão, publicações anteriores, prêmios (se houver), aparições na mídia, participações em eventos e dados sobre redes sociais e presença digital. Não conte sua infância, a menos que esteja intimamente atrelada ao tema do livro. Sequer é necessário narrar sua trajetória em ordem cronológica. Pelo contrário, recomendo começar pelas informações mais importantes ou mais recentes: qual foi sua maior conquista literária até o momento? É preciso atrair atenção logo de início, e a partir daí incentivar o prosseguimento da leitura do e-mail, quiçá do manuscrito.

Além de se apresentar, King recomenda ao autor apresentar a obra: "Quando você envia um texto, é preciso mandar junto uma breve mensagem de apresentação que diga ao editor onde você já publicou antes, trazendo também uma linha ou duas sobre o tema da história atual"[33]. Svaldi defende que o ideal é explicar rapidamente a obra, tanto do ponto de vista literário, quanto do ponto de vista de produto, mais especificamente, a qual público se destina:

> É muito simples, questão de uma frase ou um parágrafo e já faz muita diferença. Tu pode dizer assim: 'Ah, essa é uma obra de literatura infantil visando crianças de 10 a 12 anos que estão se interessando por esse mundo [da literatura fantástica], mas ainda não têm idade para ler uma obra mais densa.' Isso é um exemplo. Ou 'Ah, essa aqui é uma obra para o público adulto, que já tem bagagem, que já leu os clássicos da literatura e está procurando algo mais aprofundado do que a maior parte da literatura de fantasia hoje, que é, digamos, muito rasa."[34]

Em outras palavras, é importante deixar claro qual o gênero da obra e a quem ela se destina. Não adianta dizer que seu livro é para todos. Existem obras que extrapolam seus respectivos nichos e acabam alcançando a praticamente todos os leitores, como é o caso de *Harry Potter*, mas tais casos são raros e apenas acontecem depois que a obra obteve sucesso em meio ao público original. Em se tratando de novas aquisições, "editores querem encontrar uma obra que esteja muito claramente dirigida a um público específico, um público que exista e seja grande o suficiente para possivelmente comprar milhares de livros"[35]. Além disso, é importante apontar um diferencial que sua obra tenha em relação às demais publicações no mercado:

> Não é bom você dizer que sua obra é parecida com a de um grande mestre porque o editor preferirá continuar publicando quem já é conhecido. É mais eficiente você dizer em que a sua obra é melhor, ou mais abrangente, ou mais atualizada que a do grande mestre, para que o editor se interesse em concorrer com a obra já famosa.[36]

Em alguns casos, a editora poderá pedir que seja incluído um resumo da obra na carta de apresentação. Nesse caso, é interessante incluir informações básicas sobre os protagonistas, como idade e ocupação, deixar claro qual é o principal conflito da história e relatar os acontecimentos de maior impacto. Importante: o resumo a ser enviado para o editor não é igual à sinopse que busca vender o livro para o leitor. Para o editor, tudo precisa ficar muito claro, do início ao fim. Não pode haver segredos.

> Um erro recorrente que irrita editores e agentes além da conta é a sinopse que promete coisas maravilhosas, mas termina com algo como: 'Se você quiser saber o que acontece a seguir, terá que ler o livro!!!!' Sinto dizer, mas eles não lerão. [...] Sua sinopse é seu argumento de venda e deve conter todos os pontos fortes de seu manuscrito, incluindo detalhes de um final satisfatório.[37]

Uma vez tendo redigida a carta de apresentação — incluindo ou não o resumo da obra, de acordo com as exigências da editora, para ser entregue de forma impressa ou digital, também de acordo com a editora — é de vital importância que o autor revise seu texto. Uma apresentação mal escrita ou com erros gramaticais está longe de ser um bom cartão de visitas para o autor. Se quer que o editor acredite em sua capacidade de escrever, é bom demonstrá-la desde o primeiro contato.

Ainda tendo em vista os critérios de Renata Nakano, para que a obra não seja descartada imediatamente, é necessário "que a proposta tenha relação com a linha da editora"[38] . São comuns os autores que enviam suas obras para quaisquer casas editoriais que já tenha ouvido falar. Porém, uma editora que publique guias de culinária não vai se interessar por um romance de fantasia. Uma editora que publique biografias, textos técnicos ou religiosos também não. Como parte de sua postura profissional, o autor deve se informar sobre quais gêneros a editora publica antes de enviar o manuscrito. Caso contrário, "é perda de tempo para ti, é perda de tempo para o editor"[39]. Por outro lado, é perfeitamente razoável que você envie uma cópia do seu original a todas as editoras que publiquem material relacionado ao gênero em questão, assim você evita ficar aguardando a resposta de uma para consultar outra.

Durante o período de pesquisa de editoras, Leonel Caldela recomenda aos autores em início de carreira que não se atenham apenas às grandes casas editoriais:

> A gente tem uma glamourização das grandes editoras, e elas podem ser muito boas, mas editoras boutique — editoras pequenas, que têm um catálogo mais reduzido — muitas

> vezes são mais benéficas para o autor iniciante, porque investem de uma forma mais focada e têm um cuidado maior com uma obra específica. E muitas vezes, por mais que a gente tenha a impressão de que só por uma editora ser maior ela vai ter uma vendagem maior, a vendagem é a mesma, ou até maior na editora boutique. Claro, tem que ser uma editora com uma estrutura profissional. Afinal, estamos falando de contratos tradicionais.[40]

Inclusive, Caldela aponta para o fato de que ter um contrato tradicional não necessariamente significa estar nas vias tradicionais de venda. Ainda mais hoje, com grandes redes de livrarias entrando em recuperação judicial, é muito comum que editoras busquem fazer vendas diretas para os leitores[41], seja através de um site de *e-commerce*, seja em eventos literários. Tais vendas não são contabilizadas na lista de mais vendidos do PublishNews, por exemplo. O próprio Caldela nunca apareceu em listas como essa, apesar de pelo menos quatro de seus livros terem vendido quantidades suficientes para se qualificarem como *best-sellers* nacionais, pois as vendas sempre foram realizadas através de canais alternativos — o que não interfere em nada em sua carreira de escritor em tempo integral[42] .

Por fim, após enviar o manuscrito para as editoras de seu interesse, recomenda-se ao autor que não fique pensando mais nisso, pois uma resposta da editora pode demorar. O próprio Caldela esperou um ano inteiro até receber qualquer resposta a respeito do conto entregue em mãos ao editor J. M. Trevisan[43]. Idealmente, deve-se ocupar a mente escrevendo o próximo conto ou romance. Dessa forma, além de sofrer menos com a ansiedade, poderá aumentar seu portfólio como autor e, consequentemente, suas chances no mercado. Mais importante: nunca apresse ou cobre explicações do editor, pois "pressionar um profissional atarefado para que atenda você em detrimento de suas outras atividades é de uma sensacional falta de tato, que em geral provoca apenas irritação."[44]

Jeff VanderMeer aponta que editores estão quase sempre à beira de uma crise de *burnout* e cita a esposa, a também editora Ann VanderMeer, sobre um dos tipos de escritores que fazem os editores detestá-los: "Escritores que ficam insistindo para eu dizer *por que* rejeitei sua história, enquanto tenho outras quinhentas submissões me esperando para serem avaliadas"[45]. Bacellar adverte para algo parecido: "Editores sentem um horror instantâneo por autores que chegam (por cartas ou e-mails ou mensagens) chorosos, arrogantes, insistentes, exigindo respostas"[46]. Ou seja, ao esperar por uma resposta, é importante controlar a ansiedade e manter a postura profissional, para evitar uma situação de desconforto. Afinal, os editores são pessoas com quem você espera um dia estabelecer uma relação de trabalho, e isso será mais facilmente alcançado se ele sentir que pode contar com o seu profissionalismo.

Ter um contrato tradicional não necessariamente significa estar nas vias tradicionais de venda.

Exemplo de e-mail para o editor

Prezado editor,

Meu nome é Alice Valente e sou autora de três livros de fantasia urbana voltados para o público jovem, dos quais destaco Em Busca da Canção Ametista, que foi finalista do Prêmio Odisseia de Literatura Fantástica. Sou formada em Jornalismo pela UFRGS, moro em Porto Alegre/RS, tenho 28 anos e há cinco realizo um extenso trabalho de envolvimento junto ao público leitor, com palestras em escolas, parcerias com blogueiros e participações em lives e podcasts. Meu canal do YouTube, onde publico vídeo-resenhas de livros de fantasia, atualmente conta com 5 mil seguidores e alto engajamento.

Gostaria de apresentar uma proposta de romance para sua apreciação. O livro se chama O Renascer do Dragão Imperial, uma obra de alta fantasia inspirada na mitologia chinesa, que se passa em um universo alternativo e conta a história de Mei, garota pobre que é levada a viver no palácio do imperador após descobrirem sua ligação mística com o lendário dragão, o que lhe confere poderes mágicos. Trata-se de um trabalho inédito, em volume único, voltado para o público feminino, entre 14 e 16 anos.

O manuscrito segue anexo a este e-mail. Caso deseje conversar a respeito, meu e-mail é alicevalente@gmail.com, telefone (51)99999-9999 e redes sociais @alicevalente.

Abraços,

Alice Valente

No e-mail anterior, repare que a autora informa todos os seus dados relevantes: nome, idade, cidade de residência, formação acadêmica e experiência como autora, esta última expressa no número de obras publicadas e em um prêmio ao qual foi finalista. Também cita o número de seguidores no YouTube, que é um dado concreto, mensurável e incontestável, reforçando a alegação de ter trabalhado seu público leitor.

No segundo parágrafo, ela fala a respeito da obra que está sendo oferecida para publicação. Mais uma vez, cita os dados fundamentais, como o título, o gênero, o fato de ser volume único e a condição de ineditismo, além de informar a qual público se destina, que é um dos pontos de maior interesse do editor. Há uma rápida sinopse, não mais do que o suficiente para um vendedor explicar a obra a um leitor interessado, e ela encerra com as formas de contato.

Este é um exemplo de carta de apresentação que cumpre sua função. Você pode se inspirar nela. Vale lembrar, porém, que algumas editoras podem requerer informações adicionais que não estejam listadas aqui. Por isso, lembre-se sempre de ler e seguir as instruções, quando estiverem disponíveis.

NOTAS

1 GUERRA; BACELLAR, 2018, pp. 133-134
2 RAMET, 2007, p. 146, tradução nossa
3 RAMET, 2007, p. 146
4 CALDELA, in SOARELE, 2021, min 11:30
5 LOBÃO, 2017, loc. 4089
6 SVALDI in SOARELE, 2018, min 49:57, sic
7 LEMAITRE, in GOTHAM, 2003, p. 240, tradução nossa
8 MONTES, 2019
9 LITEROMANCIA, s.d.
10 BARRETO, s.d.
11 NOVELLO, s.d.
12 CASTILHO, s.d.
13 AVEC, 2021
14 AVEC, 2021
15 VIANCO, s.d.
16 PEPPER, 2021.
17 BARRETO, 2016.
18 MONTES, 2021.
19 FRAZÃO, 2021.
20 FRAZÃO, 2021.
21 EXAME, 2018
22 SVALDI in SOARELE, 2018, min 49:57
23 GUERRA; BACELLAR, 2018, pp. 76-77
24 SVALDI, in SOARELE, 2018
25 GUERRA; BACELLAR, 2018, pp. 81-84
26 VANDERMEER, 2009, p. 136, tradução nossa
27 SVALDI, in SOARELE, 2018, min 22:54
28 SVALDI, in SOARELE, min 23:15, sic
29 LEMAITRE in GOTHAM, 2003, p. 240, tradução nossa
30 SVALDI, in SOARELE, 2018, min 24:39, sic
31 KING, 2015, p. 198
32 NAKANO in GUERRA; BACELLAR, p. 69
33 KING, 2015, p.198
34 SVALDI, in SOARELE, min 25:59, sic
35 BACELLAR, 2018
36 BACELLAR, 2018
37 RAMET, 2007, p. 157, tradução nossa
38 NAKANO in GUERRA; BACELLAR, p. 69
39 SVALDI, in SOARELE, 2018, min 27:02
40 CALDELA, in SOARELE, 2021, min 49:23
41 MARTINS, 2019
42 CALDELA, in SOARELE, 2021
43 CALDELA, in SOARELE, 2021
44 BACELLAR, 2016
45 VANDERMEER, 2009, p. 72, tradução nossa
46 BACELLAR, 2016

Considerações Finais

COMO SER PUBLICADO POR UMA EDITORA TRADICIONAL? Em teoria, é fácil: basta enviar seu manuscrito, ser aprovado, assinar contrato e esperar os royalties caírem na conta bancária. Porém, essa é uma visão romantizada, a cada dia menos cabível no sofrido mercado editorial brasileiro. Existem diversas formas de alcançar o sucesso, cada qual de acordo com o contexto e as experiências do autor, mas este trabalho buscou detalhar alguns dos fatores que mais costumam pesar na busca por uma editora: a qualidade literária, a formação de público e a postura profissional do autor.

É importante lembrar o que já foi citado no início: quando um original chega na editora, as maiores chances são de que seja recusado, ou talvez sequer seja lido. As sugestões oferecidas neste trabalho têm como objetivo aumentar as chances de sucesso, o que não significa a certeza de uma resposta positiva. Como já diz VanderMeer:

> Você só detém controle até certo ponto nesta vida. É possível se preparar para a possibilidade de uma carreira de sucesso criando algo maravilhoso e, em seguida, apresentando ao público de uma forma criativa e organizada. Mas, mesmo assim, você encontrará obstáculos, reveses, perdas de tempo sem propósito e pessoas que, sem querer ou de propósito, desejam o seu mal. [...] Esses momentos serão um teste à sua persistência e tenacidade.[1]

Em verdade, as negativas continuarão vindo. Porém, é importante entender que não se trata de ataques pessoais ao autor, mas há diversos motivos para uma recusa, que vão desde falta de tempo do editor para ler na íntegra todos os manuscritos que chegam, até a preferência por publicar um outro título que pareça mais vendável na ocasião. Em vez de se lamentar, cabe ao escritor perseverar em sua busca, continuar aprimorando sua escrita e alcançando novos públicos, sempre mantendo postura profissional. Perseverança e trabalho árduo muitas vezes são o que falta para conquistar a desejada publicação.

Ser escritor profissional não é das carreiras mais fáceis, mas o esforço costuma ser recompensado com uma experiência tão emocionante que até parece ficção.

NOTA

1 VANDERMEER, 2009, p. 140, tradução nossa

Referências

ALMEIDA, Pedro. **O que é Romance de entretenimento, a nova categoria do Prêmio Jabuti.** PublishNews, 2020. Disponível em: https://www.publishnews.com.br/materias/2020/03/25/o-que-e-romance-de-entretenimento-a-nova-categoria-do-premio-jabuti. Acesso em: 9 jul 2021.

ALEXANDRE, Silvio. **Livros de Literatura Fantástica fazem crescer o mercado editorial.** PublishNews, 2015. Disponível em: https://www.publishnews.com.br/materias/2015/08/06/livros-de-literatura-fantstica-faz-crescer-o-mercado-editorial. Acesso em: 3 nov 2020.

APROVEITAMENTO nas editoras é quase nulo. **O Globo**, Rio de Janeiro, 2 set 2006. Caderno Prosa & Verso, p. 2.

A TAVERNA. 2021. Revista digital. Disponível em: https://atavernarevista.com.br/. Acesso em: 5 out 2021.

AVEC Editora. **Enéias Tavares**, 2021. Disponível em: https://aveceditora.com.br/autores/eneias-tavares/. Acesso em: 20 set 2021.

AVEC Editora. **Nikelen Witter**, 2021. Disponível em: https://aveceditora.com.br/autores/nikelen-witter/. Acesso em: 20 set 2021.

AVESSA. 2021. Revista digital. Disponível em: http://revistavessa.com/. Acesso em: 5 out 2021.

AVILA, Marina; VLAD, Valquíria. **Crowd**: o guia do financiamento coletivo para autores e editores de livros. São Caetano do Sul, SP: Wish, 2020.

BACELLAR, Laura. **Como envio meu original?** Escreva seu livro, 2016. Disponível em: https://www.escrevaseulivro.com.br/como-envio-meu-original/. Acesso em: 24 set 2021.

BACELLAR, Laura. **O que as editoras querem? Novos escritores têm alguma chance?** Escreva seu livro, 2017. Disponível em: https://www.escrevaseulivro.com.br/o-que-as-editoras-querem/. Acesso em: 4 jul 2021.

BARRETO, Fábio M. C.O.N.T.E. – Curso Online De Técnicas Para Escritores. **Site oficial Fábio M. Barreto**, 2 ago 2016. Disponível em: https://www.fabiombarreto.com/cursos/conte-curso-para-escritores/. Acesso em: 21 set 2021.

BARRETO, Fábio M. **LinkedIn**, s.d. Disponível em: https://www.linkedin.com/in/fabiombarreto/?originalSubdomain=br. Acesso em: 21 set 2021.

BATTISTELLI, Renata. O Bê-a-bá do Financiamento Coletivo: O que é e como funciona? **Apoia-se**, 24 ago 2020. Disponível em: https://blog.apoia.se/o-be-a-ba-do-financiamento-coletivo-o-que-e-e-como-funciona/. Acesso em: 20 set 2021.

BENICÁ, Mariana Marcon. **Adaptações de livros para o cinema e sua influência na formação de leitores.** Revista Práticas de Linguagem. v. 6, n. 1, jan./jun. 2016. Disponível em: https://www.ufjf.br/praticasdelinguagem/edicoes-2/edicoes/volume-6-n-1/. Acesso em: 3 nov 2020.

BIANCHI, Jana. Situação atual da F&FC no Brasil. **Trasgo**, 2020. Disponível em: https://trasgo.com.br/situacao-atual-da-ffc-no-brasil/. Acesso em: 3 nov 2020.

BRASIL. **Lei nº 9.610, de 19 de fevereiro de 1998**. Altera, atualiza e consolida a legislação sobre direitos autorais e dá outras providências. Brasília: Presidência da República, 1998. Disponível em: http://www.planalto.gov.br/ccivil_03/leis/l9610.htm. Acesso em: 7 out 2022.

BRASIL, Luiz Antonio de Assis. **Escrever ficção:** um manual de criação literária. São Paulo: Companhia das Letras, 2019.

CARDOSO, Pedro. **Amazon no Brasil: empresa lança site em português e Kindle chega em breve.** TechTudo, 6 jun. 2012. Disponível em: https://www.techtudo.com.br/noticias/noticia/2012/12/amazon-inicia-sua-operacao-no-brasil-e-lanca-site.html. Acesso em: 9 jul 2021.

CARDOZO, Carol. Estante Nacional #1: Roberta Spindler. **ConversaCult**, 10 abr 2018. Disponível em: http://www.conversacult.com.br/2018/04/estante-nacional-1-roberta-spindler.html. Acesso em: 19 set 2021.

CASTILHO, Felipe. **LinkedIn**, s.d. Disponível em: https://www.linkedin.com/in/felipe-castilho-6171201aa/. Acesso em: 21 set 2021.

CBL – Câmara Brasileira do Livro. **Com novos expositores e espaços inéditos 25ª Bienal Internacional do Livro de São Paulo tem crescimento de 33% no ticket médio**, 21 ago 2018. Disponível em: http://cbl.org.br/imprensa/noticias/comnovosexpositorese espacosineditos-25a-bienal-internacional-do-livro-de-sao-paulo-tem-crescimento-de33no-ticket-medio. Acesso em: 20 set 2021.

COSTA, Isabel. Leituras da Bel entrevista: Carina Rissi. **O Povo Online**, 4 nov 2016. Disponível em: https://blogs.opovo.com.br/leiturasdabel/2016/11/04/veja-entrevista-com-a-autora-carina-rissi-da-serie-perdida/. Acesso em: 19 set 2021.

DRAGÃO BRASIL. Porto Alegre: Jambô, 2021. *Revista digital*. Disponível em: https://apoia.se/dragaobrasil. Acesso em: 5 out 2021.

EDITORA PENDRAGON. **Lista de mais vendidos:** abril. Indaiatuba, 9 mai 2022. Instagram: @editorapendragon. Disponível em: https://www.instagram.com/p/CdWvkh-raaS. Acesso em: 7 out 2022.

ESCAMBANAUTICA. Escambau Coletivo Editorial, 2021. *Revista digital*. Disponível em: https://escambau.org/escambanautica/. Acesso em: 5 out 2021.

EXAME. **Sorria, confira como recrutadores observam você nas redes sociais**, 11 ago 2018. Disponível em: https://exame.com/carreira/sorria-confira-como-recrutadores-observam-voce-nas-redes-sociais/. Acesso em: 23 set 2021.

FAJARDO, Vanessa; FOREQUE, Flavia. 7 de cada 10 alunos do ensino médio têm nível insuficiente em português e matemática, diz MEC. **G1 e TV Globo**, 2018. Disponível em: https://g1.globo.com/educacao/noticia/2018/08/30/7-de-cada-10-alunos-do-ensino-medio-tem-nivel-insuficiente-em-portugues-e-matematica-diz-mec.ghtml. Acesso em: 17 set 2021.

FERRARI, Vanessa. **O narrador contemporâneo e a análise de originais.** Revera: Escritos de criação literária do Instituto Vera Cruz, São Paulo, v. 2, p. 27-39, 2017. Disponível em: https://site.veracruz.edu.br/instituto/revera/index.php/revera/article/view/54. Acesso em: 5 nov 2020.

FIGUEIREDO, Ana Luiza. **A misteriosa geração de escritores que não querem ler.** Homo literatus, 23 jan 2017. Disponível em: http://homoliteratus.com/misteriosa-geracao-de-escritores-que-nao-querem-ler/. Acesso em: 18 set 2021.

FINCO, Nina. Livros de youtubers viraram a grande aposta do mercado editorial. **Época**, 2016. Disponível em: https://epoca.globo.com/vida/noticia/2016/08/livros-de-youtubers-viraram-grande-aposta-do-mercado-editorial.html. Acesso em: 14 nov 2020.

FRAZÃO, Dilva. Drauzio Varella. **eBiografia**, 3 mai 2021. Disponível em: https://www.ebiografia.com/drauzio_varella/. Acesso em: 20 set 2021.

FRAZÃO, Dilva. Padre Marcelo Rossi. **eBiografia**, 21 mai 2021. Disponível em: https://www.ebiografia.com/padre_marcelo_rossi/. Acesso em: 20 set 2021.

FREGATTO, Eduardo. União pela literatura: Autores sul-mato-grossenses promovem obras autorais e debatem rumos do mercado editorial. **Correio do Estado**, Correio B, capa. 22 jul 2013. Disponível em: https://cronicasdemyriade.com.br/wp-content/uploads/2013/08/Uniao-pela-literatura.jpg. Acesso em: 20 set 2021.

G1 RIO. **Bienal do Livro teve mais de 600 mil visitantes e 4 milhões de livros vendidos**, 9 set 2020. Disponível em: https://g1.globo.com/rj/rio-de-janeiro/noticia/2019/09/09/bienal-do-livro-teve-mais-de-600-mil-visitantes-e-4-milhoes-de-livros-vendidos.ghtml. Acesso em: 20 set 2021.

GOTHAM Writer's Workshop. **Writing fiction:** The practical guide from New York's acclaimed creative writing school. New York: Bloomsbury, 2003.

GUERRA, Sidney; BACELLAR, Laura. **Marketing para autores**, técnicas simples para divulgar e vender seu livro. São Paulo: SGuerra Design, 2018. E-book.

IBOPE. **Pesquisa Retratos da Leitura no Brasil – 5ª edição**. São Paulo, 2020. Disponível em: https://prolivro.org.br/5a-edicao-de-retratos-da-leitura-no-brasil-2/a-pesquisa-5a-edicao. Acesso em: 29 set 2020.

IGNOTO. Feira de Santana: Corvus, 2021. Disponível em: https://www.catarse.me/revistaignoto. Acesso em: 5 out 2021.

INFONET: O que é notícia em Sergipe. **O Homem Vazio: sergipano lança livro sobre realismo fantástico**, 22 abr 2019. Disponível em: https://infonet.com.br/noticias/cultura/o-homem-vazio-sergipano-lanca-livro-sobre-realismo-fantastico/. Acesso em: 20 set 2021.

JOVEM NERD. **Nerdcast RPG**: Coleção Cthulhu, aba Apoiadores. São Paulo, 2021. Catarse: @nerdcastrpg. Disponível em: https://www.catarse.me/nerdcastrpg#contributions. Acesso em: 7 out 2022.

KINDLE Direct Publishing. **Ranking de vendas**. s/d. Disponível em: https://kdp.amazon.com/pt_BR/help/topic/G201648140. Acesso em: 7 out 2022.

KING, Stephen. **Sobre a Escrita**. São Paulo: Suma, 2015.

LEE, Thiago. **O Homem Vazio.** São Paulo: Edição do autor, 2018.

LEE, Thiago. **O Mistério do Carneiro de Ouro.** Rio de Janeiro: Rocco, 2021.

LEE, Thiago. Sobre o autor. **Site oficial Thiago Lee**, s.d. Disponível em: https://thiagolee.com.br/. Acesso em: 19 set 2021.

LISTA de mais vendidos geral de 30/11/2020 a 06/12/2020. **Publish News**, 2020. Disponível em: 30/11/2020 a 06/12/2020. https://www.publishnews.com.br/ranking/semanal/0/2020/12/11/0/0. Acesso em: 7 out 2022.

LITEROMANCIA. Porto Alegre, 2021. ISSN 2675-1887. Revista digital. Disponível em: https://literomancia.com.br/. Acesso em: 5 out 2021.

LITEROMANCIA. **Ana Lúcia Merege**, s.d. Disponível em: https://literomancia.com.br/ana-lucia-merege/. Acesso em: 20 set 2021.

LOBÃO, Alexandre. **A Bíblia do Escritor:** Ferramentas práticas para guiar o escritor no trabalho de criação de um Romance de Ficção, desde a ideia inicial até a divulgação no mundo virtual. Brasília: Trampolim, 2017. E-book.

MACHADO, Matheus. **As 20 maiores franquias da história do cinema.** Omelete, 2018. Disponível em: https://www.omelete.com.br/filmes/as-15-maiores-franquias-da-historia-do-cinema. Acesso em: 3 nov 2020.

MADRIGANO, Clara; MARTINO, Anna Fagundes. **Como ser publicado?** Pergunte às damas, 29 mar. 2019. Podcast. Disponível em: https://12trabalhos.audiocosmo.com/damas-como-ser-publicado. Acesso em: 5 jul 2021.

MADRIGANO, Clara; MARTINO, Anna; OLIVEIRA, A. J. **Autodidatismo Vs Ensino de Escrita.** Pergunte às Damas, 19 ago. 2020. Podcast. Disponível em: https://12trabalhos.audiocosmo.com/autodidatismo-vs-ensino-de-escrita-pergunte-as-damas. Acesso em: 16 set 2021.

MAFAGAFO. *Revista digital*. Disponível em: https://mafagaforevista.com.br/. Acesso em: 5 out 2021.

MAGALHÃES, Sérgio. A Deusa no Labirinto. **Baião de Letras**, 5 fev 2020. Disponível em: https://www.baiaodeletras.com.br/a-deusa-no-labirinto/. Acesso em: 18 set 2021.

MARTINS, Anna. Editoras investem em canais de vendas diretas para se aproximar de cliente. **Folha de S. Paulo**, 18 jan 2019. Disponível em: https://www1.folha.uol.com.

br/mpme/2019/01/editoras-investem-em-canais-de-vendas-diretas-para-se-aproximar-de-cliente.shtml. Acesso em: 30 set 2021.

MATANGRANO, Bruno Anselmi; TAVARES, Enéias. **Fantástico Brasileiro:** O Insólito Literário do Romantismo ao Fantasismo. Curitiba: Arte & Letra, 2019.

MENDES, Vinicius (org). **Crônicas da Tormenta Volume 3.** Porto Alegre: Jambô Editora, 2021.

MONTES, Raphael. Bio. **Site oficial Raphael Montes**, 2019. Disponível em: https://www.raphaelmontes.com.br/bio. Acesso em: 20 set 2021.

MONTES, Raphael. Escreva o seu romance: Curso online de escrita com Raphael Montes. **Site oficial Raphael Montes**, 2019. Disponível em: https://www.raphaelmontes.com.br/curso. Acesso em: 20 set 2021.

NOVELLO, Eric. **LinkedIn**, s.d. Disponível em: https://www.linkedin.com/in/eric-novello-961417a/. Acesso em: 21 set 2021.

OLIVEIRA, A. J. Andrei Fernandes: Financiamento Coletivo para Livros. **Os 12 Trabalhos do Escritor**, 15 ago 2017. Temporada 02, episódio 06. Podcast. Disponível em: http://12trabalhos.audiocosmo.com/s02e06-financiamento-coletivo-andrei-fernandes/. Acesso em: 20 set 2021.

PAPO DE AUTOR. **Grupo no Facebook**, 2020. Disponível em: https://www.facebook.com/groups/papodeautoroficial/insights/?section=engagement. Acesso em: 14 nov 2020.

PEPPER, F. M. L. **Curso**, 2021. Disponível em: https://www.fmlpepper.com.br/curso. Acesso em: 20 set 2021.

RAMET, Adèle. **Creative writing:** Hot to unlock your imagination, develop your writing skills — and get published. 7ª Ed. Oxford: How To Content, 2007.

RISSI, Carina. **Perdida**. Rio de Janeiro: Record, 2013.

RISSI, Carina. Sobre a autora. **Site oficial Carina Rissi**, s.d. Disponível em: https://www.carinarissi.com.br/sobre-mim. Acesso em: 19 set 2021.

SKRIPTZINE. Florianópolis: Skript, 2021. *Revista digital*. Disponível em: https://skripteditora.com.br/site/skriptzine/. Acesso em: 5 out 2021.

SMC divulga resultado do edital inédito para Publicação de Livros. **Cidade de São Paulo: Cultura**, 30 nov 2017. Disponível em: https://www.prefeitura.sp.gov.br/cidade/secretarias/cultura/noticias/?p=22383. Acesso em: 20 set 2021.

SPINDLER, Roberta. **A Torre acima do Véu**. São Paulo: Giz Editorial, 2014.

SPINDLER, Roberta. **Heróis de Novigrath**. Rio de Janeiro: Suma, 2018.

SPINDLER, Roberta. Sobre a autora. **Site oficial Roberta Spindler**, s.d. Disponível em: http://robertaspindler.com.br/. Acesso em: 19 set 2021.

SPINDLER, Roberta; COMESANHA, Oriana. **Contos de Meigan** Balneário Rincão: Dracaena, 2011.

SOARELE, Karen. **A Canção das Estrelas.** Campo Grande: Cubo Mágico, 2014.

SOARELE, Karen. **A Deusa no Labirinto.** Porto Alegre: Jambô, 2019.

SOARELE, Karen. **A Joia da Alma.** Porto Alegre: Jambô, 2017.

SOARELE, Karen. **A Rainha da Primavera.** Campo Grande: Cubo Mágico, 2014.

SOARELE, Karen. **Línguas de Fogo.** Campo Grande: Cubo Mágico, 2012.

SOARELE, Karen. **Papo de Autor #09 – Como ser um escritor profissional com Guilherme Dei Svaldi.** YouTube, 19 mar 2018. Vídeo. Disponível em: https://www.youtube.com/watch?v=GulrMBn_Xkw&t=2608s. Acesso em: 5 jul 2021.

SOARELE, Karen. **Papo de Autor #14 – Como ser um escritor profissional com Leonel Caldela**, 28 set 2021. Podcast. Disponível em: https://www.youtube.com/watch?v=VPxcrc_c8jw. Acesso em: 30 set 2021.

SOARELE, Karen. **Tempestade de Areia.** Campo Grande: Cubo Mágico, 2013.

SOARELE, Karen; COELHO, Nelly; SALADINO, Rogerio. **Resultado: Crônicas da Tormenta Volume 3 (contos selecionados).** YouTube da Jambô Editora, 21 jan 2020. Vídeo. Disponível em: https://www.youtube.com/watch?v=Tq6won0gy7A&t=288s. Acesso em: 18 set 2021.

SOUZA, Kátia Regina. **A Fantástica Jornada do Escritor no Brasil.** Porto Alegre: Metamorfose, 2017. E-book.

STABLEFORD, Brian. **The A to Z of Fantasy Literature.** Lanham: Scarecrow Press, 2009.

SUPRASSUMA. São Paulo: Suma, 2021. *Revista digital*. Disponível em: https://www.revistasuprassuma.com.br/. Acesso em: 5 out 2021.

TRUBY, Jogn. **The anatomy of story:** 22 Steps to becoming a master storyteller. New York: Farrar, Straus and Giroux, 2008.

VANDERMEER, Jeff. **Booklife:** Strategies and survival tips for the 21st-century writer. San Francisco: Tachyon, 2009.

VANDERMEER, Jeff. **Wonderbook:** The illustrated guide to creating imaginative fiction. New York: Abrams, 2013.

VIANCO, André. **Hardcover:** the storytelling academy, s.d. Disponível em: https://www.hardcover.com.br/?r_done=1. Acesso em: 21 set 2021.

VIEIRA, Aurilene. [Evento] Mochila Literária Brasília. **Sempre romântica**, 26 mai 2014. Disponível em: http://www.sempreromantica.com.br/2014/05/evento-mochila-literaria-brasilia.html. Acesso em: 20 set 2021.

VITORIO, Tamires. CCXP de SP bate recorde de público e se consolida como a maior do mundo. **Exame**, 9 dez 2019. Disponível em: https://exame.com/negocios/ccxp-bate-recorde-de-publico-e-se-consolida-como-a-maior-do-mundo/. Acesso em: 20 set 2021.

VOGLER, Christopher. **A Jornada do Escritor:** Estruturas míticas para escritores. 2ª edição revista e ampliada. Rio de Janeiro: Nova Fronteira, 2006.

Para acompanhar as novidades da Jambô e acessar conteúdos gratuitos de RPG, quadrinhos e literatura, visite nosso site e siga nossas redes sociais.

www.jamboeditora.com.br

facebook.com/jamboeditora

twitter.com/jamboeditora

instagram.com/jamboeditora

youtube.com/jamboeditora

twitch.com/jamboeditora

Para ainda mais conteúdo, incluindo colunas, resenhas, quadrinhos, contos, podcasts e material de jogo, faça parte da *Dragão Brasil*, a maior revista de cultura nerd do país.

www.dragaobrasil.com.br

JAMBÔ

Rua Coronel Genuíno, 209 • Centro Histórico
Porto Alegre, RS • 90010-350
(51) 3391-0289 • contato@jamboeditora.com.br